Jürgen Werth

ahaaa ...

Das kleine Buch vom Verstehen und Verstandenwerden

Über den Autor

Jürgen Werth ist Vorstandsvorsitzender von ERF Medien (Wetzlar) und als erfolgreicher Autor, Liedermacher und Moderator bekannt. Er ist verheiratet und hat drei erwachsene Kinder.

Jürgen Werth

ahaaa...

Das kleine Buch vom Verstehen und Verstandenwerden

GerthMedien

Verlagsgruppe Random House FSC-DEU-0100
Das für dieses Buch verwendete FSC-zertifizierte Papier *EOS*
liefert Salzer, St. Pölten.

1. Auflage September 2011
2. Auflage Oktober 2011
Bestell-Nr. 816 591
ISBN 978-3-86591-591-7

Umschlaggestaltung: Immanuel Grapentin
Satz: Die Feder GmbH, Wetzlar
Druck und Verarbeitung: CPI Moravia

Inhalt

Nicht da ist man daheim, wo man seinen Wohnsitz hat,
sondern wo man verstanden wird.

Christian Morgenstern, deutscher Schriftsteller,
1871–1914

Vorwort

Nach Hause kommen

Ich geb's zu, ich hab mir ein Tränchen verdrückt. Vielleicht sogar zwei. Der drollige Außerirdische E. T., ein niedlicher Knirps, der von einer hastigen UFO-Crew auf der Erde vergessen worden ist, blickt sehnsuchtsvoll ins All. Und dann kommt er. Der Satz aller Sätze. Gluckernd und herzzerreißend: „Nach Hause! Telefonieren!"

Seine neuen menschlichen Freunde versuchen alles, damit er sich bei ihnen heimisch fühlt, haben ihm sogar einen besonders kuscheligen Wohnsitz eingerichtet. Aber E. T. ist da nicht zuhause. Wird's wohl niemals sein. Denn zutiefst versteht er die Welt nicht, in der er da zurückgelassen wurde. Und die Welt versteht ihn nicht. Nicht wirklich. Auch wenn er gerade die ersten menschlichen Vokabeln gelernt hat. Eben: „Nach Hause! Telefonieren!"

Der Film hat ein Happy End. Natürlich. Das Raumschiff kommt zurück. Und E. T. wird in einer halsbrecherischen Aktion zum Landeplatz geschafft. Und schwebt wenig später zurück zu seinem Planeten. Schon im Raumschiff fühlt er sich zuhause. Denn es steckt voller kleiner niedlicher E. T.'s. Endlich wieder daheim!

Und die Moral von der Geschicht'? Außerirdische werden auf der Erde niemals heimisch sein. Sie gehören nicht hierher, sind – eben – außerirdisch. Selbst wenn sie irdische Wörter gelernt haben.

E. T. ist eine Filmfigur, ausgedacht vom genialen Regisseur Steven Spielberg. Aber seine Lebenslage ist irdischer und alltäglicher, als es auf den ersten Blick scheinen mag.

Die Welt ist nämlich voller Menschen, die nicht da sind, wo sie hingehören. Und die da, wo sie leben, nicht wirklich zuhause sind.

Manchmal bin ich einer von ihnen. Fühle ich mich wie ein Außerirdischer. Unverstanden. Sprachlos und verständnislos. Verstehe nichts mehr.

Die Welt nicht. Weiß nicht, was das alles soll. Wie alles zusammenpasst. Wohin das führt.

Die Leute nicht. Kapiere nicht, was sie gesagt haben. Und was sie damit gemeint haben. Und sie kapieren mich ohnehin nicht.

Zuweilen kommt's noch schlimmer. Da verstehe ich mich selbst nicht. Fragen hämmern in meinem Kopf: Wie konnte ich nur?! Das hätte ich mir nie zugetraut! Warum nur bin ich immer so empfindlich? Warum komme ich mit anderen nur so schwer klar?

Und manchmal verstehe ich auch Gott nicht mehr. Was er vorhat. Was er mir sagen will. Und ich frage mich, ob er eigentlich versteht, was ich ihm sage. Und was ich meine.

Da stoßseufze ich dann wie E. T.: „Nach Hause! Telefonieren!" Wenigstens telefonieren!

Denn zuhause sein heißt: Ich verstehe und ich werde verstanden. Und Fremde bedeutet: Ich verstehe nicht und ich werde nicht verstanden.

Aber: Ist am Ende die Fremde nicht unsere Heimat? Weil wir „jenseits von Eden" unser Dasein zu fristen haben, jenseits der heilen Welt, in die der Schöpfer einst seine Geschöpfe gesetzt hat?

Über Kain, Sohn von Adam und Eva, schreibt das erste Buch der Bibel: „Er siedelte im Lande Nod." Nod aber heißt auf Deutsch „Land der Heimatlosigkeit".

Das ist ja ein Widerspruch in sich selbst: Denn kann man im Land der Heimatlosigkeit siedeln? Kann man da Heimat finden? Heimat bieten?

Die Alten haben gewusst, dass das vielleicht tatsächlich ein beinahe aussichtsloses Unterfangen ist. Unter dem Giebel eines alten Schweizer Bauernhauses habe ich einmal den Satz gelesen:

„Zur Herberg hier für kurze Zeit.
Die Heimat ist die Ewigkeit."

Dabei möchten wir, dass die Sehnsucht schon hier gestillt wird, wenigstens ein bisschen. Die Sehnsucht nach einem Zuhause, nach Verstehen und Verstanden werden. Nach Nähe. Nach Angenommen sein. Verstehen ist das Ende der Einsamkeit und der Anfang der Gemeinschaft. Und das ist ein Lebenstraum, ein Lebensrecht.

Gibt es einen Weg?

Ich möchte mich auf die Suche begeben. In meinem Kopf. In meiner Umgebung. In meiner Geschichte. In meiner Berufserfahrung als Journalist. In der Bibel. Kommen Sie mit? Ich glaube, dass sich diese Suche lohnt und wir am Ende nicht nur Gott und die Menschen besser verstehen, sondern auch uns selbst. Wir werden ein bisschen entspannter und glücklicher durch's Leben stolpern. Und die anderen werden ein bisschen glücklicher sein, wenn sie uns begegnen ...

Das Ergebnis meiner Suche ist dieser kleine Sprachführer. Der soll Ihnen und mir helfen, uns verständlicher zu machen und zu verstehen. Damit wir zuhause ankommen und für andere ein Zuhause sind. Schon jetzt und hier.

Einfach da

Einfach da: ihr und wir, ganz viel Zeit und ganz Ohr.
Einfach da: wir und ihr, ganz viel Herz und Humor.
Wie daheim: Kragen auf, Schuhe aus, Füße hoch –
einfach da.

Einfach da: ich ganz ich, wir ganz wir, ihr ganz ihr.
Einfach da: Und es gibt nur noch heut, nur noch hier.
Einfach da: sich verstehn auch wenn keiner was sagt –
einfach da.

Einfach da: Auch wenn's friert und die Seele zuschneit.
Einfach da: Und ein Wort und ein Lied, das befreit.
Einfach da: Und das Licht jagt die Schatten ins Nichts –
einfach da.

Einfach da: ungeplant, doch der Tisch ist gedeckt.
Einfach da: kleines Fest ohne Frack, ohne Zweck.
Einfach da: frischer Wind in den Kopf und ins Herz –
einfach da.

So viel reicher ist das Leben, lebst du's nicht allein.
Teil dein Leben, teil es nicht nur ein.
Leben kann viel reicher sein.

Der Anfang:

Warum es so schwierig ist, miteinander zu kommunizieren

Missverständnisse sind der Normalfall der Kommunikation

Wir waren weit weg. In Ägypten. Mit dem Schiff sind wir gekommen, haben in Alexandria angelegt und sind dann viele Kilometer mit dem Bus durch die Wüste nach Kairo und zu den Pyramiden gefahren. Und am Abend wieder zurück. In tiefster nordafrikanischer Dunkelheit – was ein besonderes Abenteuer ist, denn ägyptische Autofahrer schalten ihre Scheinwerfer offensichtlich nur ein, wenn die Sonne scheint. Abends und nachts bleibt alles dunkel. Keine Ahnung, warum. Stromsparen auf ägyptisch vielleicht.

Der Chef des Reisebüros, das die Busfahrt organisiert hatte, setzte vor der Abfahrt noch eins drauf: „Passen Sie ein bisschen auf die Busfahrer auf. Nachts in der Wüste schlafen die zuweilen ein ...“ Na, das konnte ja heiter werden!

Eine Reiseteilnehmerin, die diesen Ratschlag gehört hatte, schritt gleich beherzt zur Tat. „Sind Sie *fit?*“, fragte sie beunruhigt, in breitestem Deutsch. Worauf unser Fahrer, dem diese Sprache natürlich fremd war, nach kurzem Zögern strahlend antwortete: „No! Hassan!“

Wie war sie nur darauf gekommen, er könnte „Fit“ heißen! Er war Hassan. Schon immer.

Der österreichisch-amerikanische Psychologe Paul Watzlawik hat mal den kecken Satz geschrieben:

„Das Missverständnis ist der Normalfall der Kommunikation."

Was uns ja beruhigen kann. Beruhigen könnte. Die kleinen und großen Missverständnisse unseres Alltags sind offensichtlich normal. Sich verstehen ist eher die Ausnahme.

Aber damit können und wollen wir uns nicht zufrieden geben. Und nach dem Lesen dieses Buches werden wir hoffentlich tapfer den Gegenbeweis antreten können.

Missverständnisse – nur manchmal entstehen sie aufgrund einer unterschiedlichen Muttersprache.

„Meine Tochter heiratet!"
„Ach, wie schön! Wen denn?"
„Einen Veterinär!"
„Echt? So'n alten Kerl?"
„Ach, Sie haben mal wieder keine Ahnung. Was Sie meinen, ist ein Veteran! Nein! Einer, der kein Fleisch isst!"

Mögen Sie noch einen?

„Ich hätte gern zwanzig Gladiatoren für meine Frau!"
„Sie meinen Gladiolen!?"
„Ach, natürlich! Peinlich. Das andere sind ja Heizkörper!"

Man kann sich auch gründlich missverstehen, wenn man eine gemeinsame Sprache spricht. Denn schon immer war die Sprache von jenen gefährlichen Ungetümen durchsetzt, die wir „Fremdwörter" nennen. „Lehnwörter" hießen sie früher, weil sie anderen Sprachen „entlehnt" sind. Ausgeliehen.

Das ist nicht schlimm. Das hält die Sprache lebendig, solange unsere Muttersprache nicht zum kuriosen „Denglisch" mutiert. Aber: Immer erst die Gebrauchsanleitung lesen. Die Blamage lauert sonst nämlich bereits vor der Tür ... wie beim Schwatz mit der Nachbarin, wenn Frau Müller stolz erzählt: „Auf diesem Gebiet ist mein Mann eine echte Konifere!"

Womit wir schon bei der ersten wichtigen Erkenntnis sind:

Sag nur, was du selber verstehst. Denn was du selber nicht verstehst, wird dein Gegenüber mit Sicherheit auch nicht verstehen.

Ich weiß, man plappert so gerne nach, was andere vorplappern. Weil's gebildet klingt. Oder wenigstens cool.

Apropos cool: Unsere Sprache ist im Fluss. Verändert sich wie das Leben, wie unsere Kultur. Da werden auf einmal Begriffe salonfähig, bei denen die Älteren rote Ohren bekommen.

Ich weiß noch, wie ich als Chef des ERF-Jugendprogramms *erf junge welle* immer wieder den Begriff „toll" verteidigen musste. Erboste Zuhörer älteren Semesters verwiesen mich regelmäßig an Duden und Lexika. „Toll" – das hieße doch: „nicht ganz bei Trost" und „verrückt". Wie könne man nur ein solches Wort verwenden, wenn man etwas gut findet!

Die Diskussion verstummte, als das Wort „geil" salonfähig wurde ...

Inzwischen gibt es ein Wörterbuch der Jugendsprache. Aber kaufen Sie's lieber nicht! Es ist schneller überholt, als Sie die ersten Begriffe auswendig gelernt haben.

Und, Hand aufs Herz: Die meisten jungen Leute würden

doch nur müde lächeln, wenn wir versuchen würden, uns an sie ranzuschmeißen, indem wir ihre Begrifflichkeiten verwenden. Schuster, bleib bei deinen Leisten!

Und unsere Leisten sind die Wörter und Begriffe, deren Bedeutung wir kennen. In denen wir leben wie in vertrauten, bequemen Schuhen. Andere verstehen wollen – das ist nicht nur in Ordnung, das ist auch geradezu ein Lebensgebot. Wie andere sprechen wollen – das geht meistens schief. Unsere Sprache ist unsere Heimat.

Ich erinnere mich an Gesprächsrunden mit hoch gebildeten Teilnehmern, bei denen ich mir regelmäßig wie in der Fremde vorkam: Irgendwie gehörte ich einfach nicht dazu. Manchmal wollte ich auch etwas sagen. Doch traute ich mich nicht. Mir fiel das passende Fremdwort nicht ein oder eine besonders geschraubte und gedrechselte Formulierung. Und einfach meinen Heimatdialekt gebrauchen – also so sprechen, wie mir der Schnabel gewachsen war –, traute ich mich nicht. Also blieb ich still und versuchte, zu den Beiträgen der anderen wenigstens intelligent zu nicken.

Aber hätte ich doch nur etwas gesagt! Vielleicht hätten alle anderen erleichtert aufgeatmet. Vielleicht waren sie auch „in der Fremde", so wie ich.

In einer dieser hoch intellektuellen Gesprächsrunden referierte mal einer, der konnte besonders klug und schön formulieren. Ich hing an seinen Lippen, obwohl ich nur selten verstand, was er sagen wollte. Aber ich war offensichtlich der Einzige. Und ich traute mich nicht nachzufragen. Was würden die anderen von mir denken!

In der Pause hab ich mir trotzdem ein Herz gefasst und einen der anderen Sitzungsteilnehmer gefragt: „Verstehen Sie eigentlich, was der sagt?" Dankbar grinste er mich an. „Kein

Wort!", war die knappe, unmissverständliche Antwort. „Ich glaube, nur er versteht, was er sagt."

Hätte ich doch nur mal gefragt! Für mich selbst. Und für die anderen ...

Und hier kommt ein weiterer wichtiger Hinweis:

Frag, wenn du etwas nicht verstehst.
Nicht nur du wirst klüger. Die anderen auch.

Dasselbe ist noch lange nicht dasselbe

Was ich verstehe, muss mein Gegenüber noch lange nicht verstehen. Weil unsere Wörter unterschiedlich gefüllt sind, mit ganz verschiedenen Bildern, Gedanken und Gefühlen. Verschiedenen Erfahrungen und Erinnerungen. Und mit unterschiedlichen regionalen Färbungen.

Ich erinnere mich an einen monatelangen Konflikt mit unserer Partnerorganisation in Österreich. In den Briefen ihres Anwalts hieß es immer wieder stereotyp: „Hiermit ersuchen wir Sie …"

Wir Deutschen waren zunehmend genervt. Schlicht unverschämt fanden wir diesen Ton. Bis wir herausfanden: „Ersuchen" ist das allerhöflichste Wort, das Österreicher in ihrem Wortschatz haben.

Das erinnert mich an den berühmten Satz des österreichischen Satirikers Karl Kraus:

> *„Deutsche und Österreicher sind zwei Völker, die durch die gemeinsame Sprache getrennt sind."*

Aber vielleicht gilt das auch für Ostfriesen und Oberbayern, für Niederrheiner und Sachsen.

Jewoll! So schaut's aus! Nu!

Zuweilen gilt's auch für die verschiedenen evangelischen „Fraktionen". Alle reden in den letzten Jahren von „Mission".

Aber meinen alle dasselbe? Und umgekehrt werden für dieselben Vorgänge zuweilen unterschiedliche Begriffe verwendet. Charismatiker etwa erzählen gern, sie hätten von Gott einen „Eindruck“ bekommen. Damit meinen sie eine Eingebung von oben. Das verwirrt die anderen Christenmenschen manchmal. Weil's ihnen arrogant vorkommt. Sie würden vielleicht sagen: „Da ist mir etwas klar geworden.“ Oder: „Gott hat mir etwas klar gemacht.“ – Was nüchterner klingt und nüchterner gemeint ist, aber möglicherweise dasselbe beschreibt.

Womit wir beim Thema „Jargon“ wären. Jargon ist eine ganz besondere Sprache. Wir alle benutzen sie. Bewusst oder unbewusst. Dabei hat jede Gruppe von Menschen ihren eigenen Jargon. Jede Berufsgruppe, jede Altersgruppe, jede Hobbygruppe.

Das gilt besonders für den so genannten „Szenejargon“, der Gruppengrenzen zieht, indem er eine „Sprachkomplizenschaft“ herstellt. Ein herrlicher Ausdruck! Durch die Verwendung eines speziellen Jargons entsteht eine eigene Identität. Jargon zieht eine klare Grenze: Du gehörst dazu beziehungsweise nicht dazu.

Da gibt's zum Beispiel den Gefängnisjargon, den Netzjargon, den Drogenjargon, den Motorradfahrerjargon, den Schülerjargon, den Schwulenjargon.

Und es gibt die „Sprache Kanaans“. Den heiß geliebten und erbittert verachteten Jargon der „Frommen“.

Im Juni 1854 hielt Hermann Friedrich Kohlbrügge in der Niederländisch-reformierten Gemeinde Wuppertal-Elberfeld eine Predigt mit eben diesem Titel: „Die Sprache Kanaan“. Darin stellte er fest, dass die Christen seit jeher ihre ganz eigene Sprache, ihr eigenes, exklusives Vokabular haben. Es ist eine Sprache, so Kohlbrügge, „welche die Welt nicht versteht“, die für uns aber „so traulich und gemütlich, so wohlklingend ist und so fröhlich macht."*

Die Sprache Kanaans ist offenbar eine ganz besonders gemütliche Heimat. Deswegen möchten sie manche Christenmenschen überhaupt nicht verlassen ... Und wundern sich, dass „die da draußen" oft nur Bahnhof verstehen. Wenn überhaupt.

Ein besonders originelles Beispiel hat mir mein Namensvetter Jürgen Werth von der Ökumenischen Bibelwochenarbeit aus Bautzen einmal erzählt. Als er noch so gar nichts wusste vom christlichen Glauben und in einem leerstehenden Pfarrhaus Unterschlupf gefunden hatte, luden ihn ein paar junge Christen auf eine Rüstzeit ein. *Komisch,* dachte Jürgen. *Alle reden von Abrüstung. Aber die rüsten auf!?* Trotzdem ging er mit. Denn die jungen Christen waren nett. Am Rande der Rüstzeit wollte ihn einer mit dem Evangelium bekannt machen. An einem Vormittag fand das Bekehrungsgespräch statt.

„Das Lamm ist für dich geschlachtet!", begann der fromme Bruder.

Das ist prima!, dachte der ganz und gar unfromme Jürgen Werth. *Bald ist Mittag und ich habe Hunger!*

Mit dem nächsten Satz allerdings konnte er dann gar nichts mehr anfangen: „Sein Blut ist für dich vergossen!"

Mein Namensvetter ist trotzdem Christ geworden. Weil Gottes Geist sich zum Glück nicht durch die ungelenke Ausdrucksweise seiner Leute hindern lässt.

---

* Zitiert aus einem Beitrag auf der Internetseite der Selbstständig Evangelisch-Reformierten Gemeinde Heidelberg, www.serk-heidelberg.de.

Aber es gilt:

Wer den Glauben kommunizieren möchte, muss auf Jargon verzichten.

Und:

Jargon ist eine Tür, die man nur von innen aufschließen kann.

In folgendem Liedtext habe ich eine persönliche Erfahrung zusammengefasst. Das heißt, nicht eine, sondern viele:

Er blieb da

Plötzlich war er da,
er fiel kaum auf und niemand stellte ihn uns vor.
Wenn wir diskutierten,
saß er teilnahmslos abseits im Korridor.
Waren es unsre Worte, unsre Gesten, was ihn hielt, war's unser Stil?
Kaum, denn wie wir lebten, verriet von dem, was wir glaubten, wohl nicht viel.

Doch er blieb da.

Wochen ist er da,
vielleicht auch Monate, wir sind an ihn gewöhnt,
als er unerwartet etwas fragt,
was unser Reden übertönt.
Sind es seine Worte, seine Gesten, was uns auffällt, ist's sein Stil?
Kaum, denn was er sagt, verrät von Bildung und Erfahrung nicht sehr viel.

Doch er blieb da.

„Zeigt mir, wie man lebt,
ihr wisst so vieles, was ich kaum begreifen kann.
Zeigt mir, wie man glaubt,
ich will es wissen! Glaubt ihr wirklich? Und woran?"
Worte sind als Antwort nun zu knapp, geredet haben wir genug.
Und beschämt entdecken wir: Wir sind mit unserem Leben im Verzug.

Doch er blieb da.

Bei einem Management-Training in den USA mussten wir Teilnehmer uns im Kreis aufstellen. Dann bekam einer einen Blumentopf in die Hand. Den sollte er seinem Nachbarn überreichen und dabei sagen: „This is a purple petunia!" Das ist eine purpurfarbene Petunie. Der Nachbar musste dann zurückfragen: „A what?" Eine was? Worauf der Überreicher wiederholen sollte: „A purple petunia!" Darauf musste der Nachbar wieder antworten: „Ah! A purple petunia!" Und der Überreicher noch einmal bestätigen: „Yes! A purple petunia!"

Am Ende der Runde hatten wir's verstanden! Der eine muss genau sagen, was er sagen will. Der andere muss nochmal nachfragen, damit er's auch richtig versteht. Und sagen, was er verstanden hat. Zur Sicherheit dann unter Umständen das Ganze nochmal.

Das kostet Zeit, ja. Aber es spart noch viel mehr!

Ein amerikanischer Kollege, mit dem ich immer wieder mal telefoniere, hat diese Prozedur nicht nur verstanden, sondern verinnerlicht. Wenn wir uns bei einem Problem auf eine Lösung verständigt hatten, pflegte er noch einmal zu wiederholen, was er verstanden zu haben glaubte. „Du hast also gesagt ..." Wodurch ich die Chance hatte, das eine oder andere zu korrigieren. Und umgekehrt.

Missverständnisse gab es dadurch bei uns kaum. Und wir fühlten uns daher zuhause beieinander.

Manchmal glaube ich nur, mein Gegenüber verstanden zu haben. Darum lieber wiederholen, was ich verstanden zu haben glaube.

Neues hören, sehen und denken

Die beiden Sippen waren verfeindet, obwohl sie im selben Dorf wohnten. Sie sprachen nicht miteinander. Nie. Wenn ein Angehöriger der einen Sippe einem Angehörigen der anderen Sippe begegnete, wechselte er die Straßenseite. Manchmal spuckte einer von beiden dabei verächtlich auf den Boden und zischte ein unflätiges Schimpfwort.

Das ging seit Jahren so. Ach, seit Jahrzehnten.

Nur, warum das so war, wusste keiner mehr so ganz genau.

Siegfried Lenz, der große deutsche Erzähler, hat diesen beiden Sippen in seinem herrlichen Geschichtenband „Der Geist der Mirabelle" ein Denkmal gesetzt.

Der Leser lächelt. Und fühlt sich – vielleicht – ertappt. Denn er kennt sie ja auch, diese Menschen, die Familien, diese Gruppen, diese Völker, denen er alles zutrauen würde. Alles Böse vor allem. Und das, ohne sich an eine eigene konkrete Erfahrung erinnern zu können. Und ohne mit den Betreffenden zu reden ...

„Und ich habe [...] gefunden, dass Missverständnisse und Trägheit vielleicht mehr Irrungen in der Welt machen als List und Bosheit."

So formuliert es Johann Wolfgang von Goethe in seinem legendären Briefroman „Die Leiden des jungen Werther".

Missverständnisse sind das eine. Trägheit ist das andere. Trägheit der Ohren, die nicht richtig hinhören. Trägheit der Augen, die nicht richtig hinsehen. Trägheit der Gedanken, die nicht bereit sind, Neues zu denken. Trägheit des Herzens, das sich nicht wirklich für das interessiert, was ihm da gerade begegnet. Nicht für eine Sache – und erst recht nicht für einen Menschen.

Da hat sich einer richtig Mühe gegeben, und ich habe trotzdem etwas anderes verstanden. Vielleicht, weil ich etwas anderes verstehen wollte. Weil es bloß „der" war. Oder „die da"!

Ein kleiner Vierzeiler des Musikers Peter Horton fasst das aus der Sicht eines unverstandenen Liedermachers trefflich zusammen:

Wie oft sitzt jemand
über deine Lieder zu Gericht.
Du verstehst ihn, aber jener
versteht dich häufig nicht.

Wie oft schon habe ich mich mit diesem kleinen Text getröstet. Das ist ja vielleicht das Leid des Künstlers: Er kann die anderen immer verstehen. Vor allem auch ihre Kritik. Er ist ja selber nie wirklich zufrieden, was er da gesagt oder geschrieben hat. Er kann Kritik verstehen. Nur die Kritiker haben oft nicht verstanden, was sie da so hemdsärmelig kritisieren. Haben die Wörter nicht verstanden. Und den Sinn schon gar nicht.

Wer möchte, dass eine Beziehung gelingt, muss sich in die Schuhe seines Gegenübers stellen. Muss vielleicht sogar, um es in der Sprache der Indianer zu sagen, „ein paar Monate in den Mokassins des anderen laufen."

Das macht Mühe, klar. Das kostet Zeit, auch klar. Das bedeutet nämlich, dass ich immer wieder ganz neu hinhören und hinsehen muss, dass ich verstehe: Durch Vorurteile sind Beziehungen von vornherein zum Scheitern verurteilt.

„Einer muss sich plagen, der Autor oder der Leser", hat Wolf Schneider, der meistgelesene Stillehrer der deutschen Sprache, einmal gesagt. Einer muss sich plagen. Der Redner oder der Zuhörer. Der Sender oder der Empfänger. Am besten beide. Sorry, aber einfacher geht's nicht.

Also, los! Allein – oder vielleicht noch besser – gemeinsam. Vielleicht weist der folgende Liedtext die Richtung?

Menschen wie Menschen

Menschen mit Augen, die sehen.
Menschen mit Ohren, die hörn.
Menschen, die wirklich verstehen,
Nie eine Hoffnung zerstörn.
Menschen, die Liebe ausstrahlen,
Hell wie ein Leuchtturm am Strand
Menschen wie Himmelsfilialen.
Menschen mit Herz und Verstand.

Menschen wie Menschen – aus Liebe gemacht.
Menschen wie Menschen – im Himmel erdacht.
Menschen wie Menschen – von Gott zur Welt gebracht.

Menschen, die Menschen erschließen,
Menschen zum Menschsein befrein.
Die auch mit Worten nicht schießen,
Menschen, die groß sind und klein.
Menschen wie offene Türen.
Menschen, bei denen es taut,
die dicht ans Feuer dich führen.
Menschen, auf die man vertraut.

Menschen wie Menschen – aus Liebe gemacht.
Menschen wie Menschen – im Himmel erdacht.
Menschen wie Menschen – von Gott zur Welt gebracht.

Babylon – die große Sprachverwirrung

... und wie wir einen Ausweg daraus finden

Woher kommt das eigentlich, dass wir einander oft so schwer verstehen? Woher kommt es, dass wir Gottes Stimme oft nicht von der Stimme unserer eigenen Wünsche und Sehnsüchte unterscheiden können? Die Bibel erzählt dazu eine Geschichte. Es ist eine Urgeschichte der Menschheit. Sie steht im ersten Buch der Bibel. Und sie hat ausgesprochen viel mit dem Thema dieses Buches zu tun:

Es hatte aber alle Welt einerlei Zunge und Sprache.

Als sie nun nach Osten zogen, fanden sie eine Ebene im Lande Schinar und wohnten daselbst. Und sie sprachen untereinander: Wohlauf, lasst uns Ziegel streichen und brennen! – und nahmen Ziegel als Stein und Erdharz als Mörtel und sprachen: Wohlauf, lasst uns eine Stadt und einen Turm bauen, dessen Spitze bis an den Himmel reiche, damit wir uns einen Namen machen; denn wir werden sonst zerstreut in alle Länder.

Da fuhr der Herr hernieder, dass er sahe die Stadt und den Turm, die die Menschenkinder bauten.

Und der Herr sprach: Siehe, es ist einerlei Volk und einerlei Sprache unter ihnen allen und dies ist der Anfang ihres Tuns; nun wird ihnen nichts mehr verwehrt werden können von allem, was sie sich vorgenommen haben zu tun.

Wohlauf, lasst uns herniederfahren und dort ihre Sprache verwirren, dass keiner des andern Sprache verstehe!

So zerstreute sie der Herr von dort in alle Länder, dass sie aufhören mussten, die Stadt zu bauen.

Daher heißt ihr Name Babel, weil der Herr daselbst verwirrt hat aller Länder Sprache und sie von dort zerstreut hat in alle Länder.

1. Mose 11,1–9

Das ist geradezu unvorstellbar: *Eine* Sprache hatten die Menschen. Jeder verstand jeden. Ohne Berlitz-Schule. Ohne Langenscheidt. Weil sie zum selben Volk gehörten. Zur Generation nach der Sintflut. Gott hatte sie buchstäblich aus dem Wasser gezogen. Nun lebten sie unter seinem Regenbogen und damit unter seiner Gnade, unter seiner Verheißung: „Solange die Erde steht, soll nicht aufhören Saat und Ernte, Frost und Hitze, Sommer und Winter, Tag und Nacht."

Gott war ihre Heimat. Er war die Mitte ihres Lebenskreises. Alles und alle waren auf ihn bezogen.

Bis – ja, bis sie selber Gott sein wollten. Nicht mehr auf Gott bezogen leben wollten, sondern ich-bezogen, selbstbezogen. Bis dahin gab es *ein* Volk. Mit *einer* Mitte. Mit *einem* Gott. Doch plötzlich bevölkerten ungezählte Möchtegern-Götter das Land.

Der Turm, den sie planten, war mehr als ein Turm. Viel mehr. Er war der ehrgeizige Versuch, den Himmel zu erreichen. Den Himmel zu erobern. Den Himmel zu besetzen. Gott abzuschaffen.

Der allerdings lässt sich davon ganz und gar nicht beeindrucken.

„Da kam der Herr vom Himmel herab, um die Stadt und den Turm anzusehen, die sie bauten ...“

Der Abstand ist immer noch gewaltig. Von unten nach oben jedenfalls nicht zu überwinden.

Und dann macht Gott dem Treiben ein Ende.

„Wohlauf, lasst uns herniederfahren und dort ihre Sprache verwirren, dass keiner des anderen Sprache verstehe!“

Das ist keine Strafaktion. Es ist der Versuch, Menschen vor sich selber zu schützen. Wenn nur noch Menschen über Menschen bestimmen, wenn sie festlegen, was gut und was böse ist, dann ist es bis zur Hölle nicht mehr weit.

Und nun haben wir den Salat. Die sprichwörtliche „babylonische Sprachverwirrung“. Jeder spricht seine eigene Sprache.

Und das Missverständnis wird zum Normalfall der Kommunikation.

Wer wie Gott sein will, verliert die Beziehung zu Gott. Wer wie Gott sein will, verliert aber auch die Beziehung zu den anderen.

Wir alle ahnen, was wir seitdem verloren haben. Und sehnen uns nach einer heilen Welt, nach heilen Beziehungen. Wir sehnen uns danach, dass alles einen Sinn ergibt, sehnen uns ins Paradies zurück, wo alles gestimmt hat, alles zusammengepasst hat, wo wir verstanden haben und verstanden wurden. Wo wir zuhause waren.

Für manche Menschen ist die verlorene Kindheit dieses Paradies. Ja! Eine gute und behütete Kindheit hat Charakterzüge des Paradieses. Doch es ist immer ein Paradies mit Schrammen und Brüchen. Das eigentliche Paradies war mehr, ist mehr. Es ist die uneingeschränkte verständnisvolle Gemeinschaft mit dem Schöpfer. Dahin sehnen wir uns zurück. Auch wenn uns das zuweilen nicht bewusst ist.

Doch nun? Aus der Traum? Nein! Wie immer in der Geschichte Gottes mit seinen Menschen gibt es eine zweite Chance. Mindestens. Gott macht ein neues Angebot. Kommt von oben nach unten. Wird ein Kind. Rammt das Kreuz von Jesus Christus als Brücke zwischen Himmel und Erde in den Boden. Und schickt den heiligen Geist. Das Pfingstfest in Jerusalem ist sein Gegenentwurf zum Turmbau zu Babel ...

So schildert es Lukas in der Apostelgeschichte:

Zu Beginn des Pfingstfestes waren sie alle wieder an ihrem Versammlungsort zusammen. Urplötzlich kam vom Himmel her ein Geräusch, als würde ein gewaltiger Wind heranbrausen. Dieses Rauschen erfüllte das gesamte Haus, in dem sie saßen. Dann erschien so etwas wie Feuerzungen, die sich auf jeden Einzelnen niederließen. Alle wurden mit dem Heiligen Geist erfüllt und begannen, in den verschiedensten Sprachen zu reden, wie der Heilige Geist sie ihnen eingab.

Anlässlich des Festes befand sich eine große Anzahl von Juden in Jerusalem, fromme Pilger aus der ganzen damals bekannten Welt. Als sie das Geräusch hörten, liefen sie alle bei dem betreffenden Haus zusammen. Vollkommen überrascht waren sie aber, als sie die Jünger in ihrer jeweiligen Muttersprache reden hörten. Sie waren ganz durcheinander und konnten überhaupt nicht begreifen, was da vor sich ging. Aufgeregt fragten sie sich gegenseitig: „Sind das nicht alles Galiläer? Wie kommt es dann, dass wir sie in unseren unterschiedlichen Muttersprachen reden hören? Immerhin sind wir Parther, Meder, Elamiter. Wir kommen aus Mesopotamien, Judäa und Kappadozien, Pontus und der Provinz Asia, Phrygien und Pamphylien, aus Ägypten und aus Gebieten Libyens in der Nähe von Cyrene. Natürlich sind unter uns auch welche aus Rom, sowohl Juden als auch Proselyten. Ja sogar Kreter und Araber sind unter uns! Wir hören sie alle in unseren jeweiligen Sprachen über die großen Taten Gottes reden."

Apostelgeschichte 2,1–11; WD

Wo der Geist Gottes wohnt, entsteht eine neue Heimat. Zieht die Liebe ein. Und Verständnis, Das bemerken auch die, die draußen bleiben. „Seht, wie haben sie einander so lieb!", sagen sie über die ersten Christen. Und meinen damit auch: „Seht, wie gut sie sich verstehen!"

Die Kirche, die Gemeinde ist der Ort des Verstehens. Oder sollte ich es vorsichtiger formulieren? Er könnte es sein. Was wir dafür brauchen, damit er zu einem solchen Ort wird? Nicht mehr und nicht weniger als den Geist Gottes. Immer wieder neu.

Wo der Geist Gottes wohnt, entsteht eine neue Heimat. Zieht die Liebe ein. Und Verständnis.

Damit ich den anderen besser verstehen kann

... und er mich auch

Nichts ist spannender als Menschen

Nichts ist spannender als Menschen entdecken. Ihre Gedanken. Ihre Geschichte. Darum lohnt sich jeder noch so kleine Versuch, seine eigene Kommunikationsfähigkeit zu verbessern. Denn:

> *„Jeder Mensch ist einmalig begabt. Einmalig bekloppt. Aber immer der Liebe wert!"*

Ein klassischer Satz von dem Evangelisten Klaus Vollmer. Der Theologe aus Hermannsburg war vor ein paar Jahren Gast in meiner Fernsehreihe „Werthe Gäste". Hier plaudere ich mit – meist prominenten – Weggefährten über das Leben und über den Glauben. Klaus Vollmer war Gast Nr. 70. Und ein besonders spannender.

In der Sendung hatte ich schon viele Originale Gottes vor der Kamera. Mit ihrem einzigartigen Lächeln, ihrem einzigartigen Stirnrunzeln. Einer einzigartigen Spreche, einer einzigartigen Gestik und Mimik. Und mit ihrer einzigartigen Geschichte. Einmalig begabt. Einmalig be... – nein, das wäre jetzt ungalant!

Aber jedenfalls war keiner von ihnen eine Hochglanzpersönlichkeit aus einem Hochglanzmagazin.

Mit Menschen sprechen heißt, ihnen ihre Geschichte zu entlocken. Heißt, Neuland zu entdecken, bereichert zu werden.

Wenn man tiefer schaut. Bei den „Werthen Gästen“ versuche ich das. Ich versuche tiefer zu schauen, möchte auch die Brüche des Lebens ins Gespräch bringen. Nicht, weil das so herrlich interessant wäre. Sondern weil es zum Leben und zum Glauben einfach dazu gehört. Und weil es Mut macht. Mir. Und später hoffentlich auch meinen Zuschauern.

Martin Luther hat einmal gesagt, dass ihn die „Schwächen der Heiligen“ viel mehr trösten würden als ihre Stärken. Und die Bibel ist voll von solchen Heiligen – von Menschen, die nicht von ihren vermeintlichen Wohltaten gelebt haben, sondern von der grenzenlosen Barmherzigkeit Gottes: Abraham, Isaak, Jakob, David, Jona, Petrus, Paulus und viele andere.

Ich sollte einmal für eine Zeitschrift formulieren, was mein Lebensmotto ist. Ich habe gezögert und lange überlegt. Denn ich hatte bis dahin keins. Seitdem aber habe ich eines gefunden: „An meinem Leben soll die Barmherzigkeit Gottes deutlich werden.“ Nein, nicht mehr. Aber auch nicht weniger.

Vor ein paar Jahren habe ich in einem Buch von ein paar Wegstrecken meines Lebens berichtet. Auch über ein Burnout, das mich Anfang der 90er Jahre überrollt hatte. Ein freundlicher Leser schrieb mir nach der Lektüre: „Und wir haben immer gedacht, Sie wären als Hochglanzausgabe direkt vom Himmel gefallen.“

Zuerst hab ich mich gefreut über diesen Kommentar. Aber dann war ich erschrocken: Wieso hat er das gedacht? Hab ich ihm dieses Bild vermittelt? Vermitteln wir „Profichristen“ am Ende vor allem diese Botschaft: Ihr habt die Fragen, wir die Antworten? Ihr habt die Probleme, wir die Lösungen?

Wenn's wenigstens stimmen würde ... Nein, auch bei den bekannten Konferenzrednern und Bühnenprofis geht's nur gut, solange es gut geht. Niemand steht über den anderen.

Niemand hält sich selber. Alle leben davon, dass sie von Christus gehalten werden.

„An meinem Leben soll die Barmherzigkeit Gottes deutlich werden." An meinem Leben – und am Leben meiner Studiogäste.

Das hat natürlich Grenzen. Auch wenn manche Gesprächspartner anschließend sagen, sie hätten ganz vergessen, dass wir im Studio sind – ich darf es nicht vergessen. Die „Werthen Gäste" sind kein Nachmittagstalk bei den Privaten. Offenheit und Ehrlichkeit ja. Aber kein Posieren mit den Brüchen des Lebens. Kein Zurschaustellen der eigenen Schwächen. Durch unsere Brüche und Schwächen soll Christus sichtbar werden, durch unsere Schatten seine Liebe leuchten.

Ich bereite mich auf meine Gäste vor. Aber nicht aufs Gespräch. Das entwickele ich, indem ich es führe. Dies erfordert eine gute Kenntnis der Gesprächspartner und der Gebiete, auf denen sie tätig sind. Und es erfordert höchste Konzentration. Was sagt, erzählt er oder sie da gerade? Wo muss ich nachhaken? Wo erschließen sich unerwartete Entdeckungen und Erfahrungen? Fragekärtchen abarbeiten mag für klassische Interviews angehen, für Gespräche, für Talkshows ist diese Methode tödlich. Finde ich. Denn ein wirkliches Gespräch kommt auf diese Weise nie zustande.

Ich liebe Gespräche mit Menschen. Schon immer hatte ich eine Sendereihe, in denen ich Menschen vorstellen durfte. „Darf ich reinkommen?" hieß die Sendung, die ich bei *erf junge welle* verantwortet habe. Eine andere legendäre Serie nannte sich „Zwölf Stunden aus dem Leben des ..." Dort habe ich einen prominenten oder einen gänzlich unprominenten Gast einen Tag lang begleitet. Mit Mikrofon und Aufnahmegerät.

Gerhard Bergmann war einer von ihnen. Und die Sängerin

und Schauspielerin Inge Brück, der Psychotherapeut Dr. Michiaki Horie und Manfred Hausmann, der große Schriftsteller aus Bremen, der 1933 – nicht zuletzt durch den Theologen Karl Barth – eine radikale Hinwendung zum christlichen Glauben erlebt hatte. In seinem Haus an der Unterweser haben wir gesessen und geplaudert. Am Schluss schenkte er mir zwei kleine Büchlein, in denen er von „Kleinen Begegnungen mit großen Leuten" erzählt. In eines schrieb er mir eine Widmung, die mich seit diesem Tag begleitet und die vielleicht auch so etwas wie ein roter Faden für dieses Buch ist:

„In der Begegnung erleben beide Teile, dass ihnen etwas geschenkt, dass ihrem Wesen etwas hinzugefügt, dass sie mit etwas begnadet werden."

Ich bin begnadet worden an diesem Tag. Ob er es für sich auch so empfunden hat?

Es ist so spannend, Menschen zu entdecken und begnadet zu werden. Möglicherweise gibt es überhaupt nichts Spannenderes. Das heißt, doch, so was gibt's: Gott entdecken! Aber den entdeckt man nicht selten in – Menschen.

Vielleicht wird der folgende Satz ja zu einem Wegweiser für Ihr nächstes Gespräch:

Nur wenn ich mich vorbehaltlos auf mein Gegenüber einlasse, kann ich überraschende Entdeckungen machen, werde ich beschenkt.

Sieh nach allen

Schweigend geht der Tag zu Ende,
betend kommen wir zu dir.
Füll mit Gnade unsre Hände,
Gnade brauchen wir.
Sieh uns an, sieh unser Leben,
unsre Angst und unser Glück.
Sieh die, auf die wir nichts mehr geben,
weite unsern Blick.

Zeig den Starken ihre Grenzen,
gib den Schwachen neuen Mut,
lehr die Träumer Konsequenzen,
mach die Macher gut.
Führ die Lauten in die Stille,
gib den Schweigenden ein Wort.
Zeig den Zweiflern deine Fülle,
nimm den Ungeist fort.

Zeig den Siegern die, die weinen,
den Verlierern gib ein Ziel.
Führ die Großen zu den Kleinen,
gib den Helfern Stil.
Mach die Ungestümen weise
die Erfahreneren stimme mild.
Mach die allzu Sicheren leise,
stell sie vor dein Bild.

Sieh nach allen, sieh nach allen,
sieh nach mir und sieh nach uns.
Halt uns fest, dass wir nicht fallen.
Du bist da und bist für uns.
Hör das Weinen, hör das Lachen,
hör das Wispern, hör das Schrein.
Ob wir schlafen oder wachen:
Du sollst immer um uns sein.

Ich bin ein Sender

Ich bin ein Sender. Bin es schon immer gewesen. Sende Signale in meine Umgebung, mal leise, mal laut.

„Ich habe Hunger!"

„Die Windel ist voll!"

„Bitte etwas mehr Aufmerksamkeit!"

So fing das an.

Irgendwann kamen dann die ersten Wörter. „Papa deh! Mama soll tommen!" Kinder sagen, was sie wollen, was sie denken, was ihnen gefällt und was ihnen so überhaupt nicht ins Konzept passt. Auch, wenn das anderen wehtun sollte.

Und irgendjemand empfängt die Signale und reagiert darauf. Belustigt oder beleidigt.

Ich bin ein Sender. Seit es mich gibt, schicke ich Botschaften in die Welt. Das Senden liegt mir im Blut. Mit der Zeit habe ich allerdings – wie jeder andere Mensch auch – gelernt, meine Signale zu vervollkommnen. Schließlich wollen wir alle gehört und möglichst auch verstanden werden. Vor allem wollen wir, dass das eintrifft, was wir uns wünschen.

Ich bin ein Sender. Als ich neun oder zehn war, bekam das für mich eine ganz neue Dimension. Mit meinen Lego-Steinen habe ich nämlich bald nicht mehr nur Häuser gebaut, sondern – Sendetürme. Und hab gesendet – geredet und gesungen. Nur für mich, klar. Andere wollten das nicht hören. Andere sollten das auch gar nicht hören. Bei mir gab es Musikprogramme, bei denen ich alles in einer Person war: Ansager und Musiker. Ich hab Lieder angekündigt und dann selbst gesungen. Eine moderierende Ein-Mann-Band war ich, stundenlang. Ein ausgesprochen preisgünstiges Personalkonzept ...

Und weil so ein Sender ja am Abend oder in der Nacht nicht so einfach seinen Sendebetrieb einstellen kann, hab ich unter der Bettdecke weitergemacht. Bis ich eingeschlafen bin. Oder Mama kam ...

Am Wochenende war ich Sportreporter. Bei meinen geliebten „Sportfreunden 08“ war ich regelmäßig auf dem Fußballplatz und habe das Spielgeschehen in meinem Kopf kommentiert. In der Landesliga spielte 08. Mehr schlecht als recht. Zu mehr hat's darum auch nur selten gereicht. Leider. Aber ich habe sie geliebt. Ich war ein Grün-Weißer. Darum trat 08 auch regelmäßig in meiner Sendung in Erscheinung. In meinem Radio. Das wusste die Mannschaft nicht, klar.

Auf dem Heimweg gab's dann ausführliche Analysen – in meinem Kopf.

„RDU“ hieß mein Sender, „Rundfunk der Unterhaltung“. Die drei Buchstaben steckten oben auf meinem Sendeturm.

Falls Sie jetzt schon Bedenken bekommen haben sollten: Ansonsten war ich ein einigermaßen normaler Junge. Allerdings wohl mit ein paar klassischen Einzelkind-Symptomen.

Ich weiß gar nicht mehr, wann ich „RDU“ eingestellt habe. Doch, ich weiß es! Als mein Bruder auf die Welt kam. Und meine herrlichen Sendetürme durch seine Patschhände dramatisch gefährdet waren. Und mein Studio unter der Bettdecke auch; Stefan schlief nämlich in meinem Zimmer.

Doch die Leidenschaft fürs Senden ist geblieben. Ich war ein Sender. Ich bin ein Sender. Und seit vielen Jahren leite ich sogar einen Sender ...

Trotzdem hat sich etwas Entscheidendes verändert: Während der ERF regelmäßig viele zehntausend Zuhörer und Zuschauer hat, fehlte meinem RDU-Programm der Empfänger. Es gab niemanden, der sich meine Sendungen angehört hat. Aber was ist ein Sender ohne Empfänger?! Die Signale dürfen nicht nur im Kopf bleiben, sondern müssen „raus". Sonst wird auf die Dauer aus dem „RDU" der „RDA" – der Rundfunk der Autisten.

Die brabbelnden Signale, die ein Baby sendet, werden von Mama und Papa empfangen. Und meist auch verstanden, selbst wenn's in den ersten Monaten nur eine Kommunikation ohne Worte ist. Aber es entsteht Heimat. Das Baby weiß sich zuhause, weil es verstanden wird.

Auch ein Radio- oder Fernsehsender kann Heimat vermitteln. „Das ist *mein* Sender!", sagen wir dann. Mein Sender, weil er schon immer „mein" Sender war. Weil er meine Musik spielt. Weil mir die Stimmen vertraut sind.

Senden und empfangen – mit diesen zwei Wörtern haben wir schon das Grundmodell jeder Kommunikation skizziert: Einer sendet, einer empfängt. Und das, was der Sender sendet, nennt man Message, Nachricht, Signal. Meist sind das Wörter.

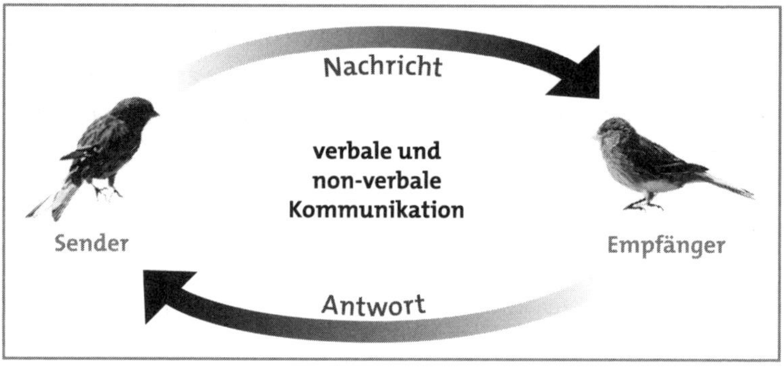

Wenn wir's uns Schritt für Schritt anschauen, geht das so:

1. Der Sender hat etwas auf dem Herzen, will etwas sagen.
2. Das tut er dann auch, indem er seine Absichten in Worte übersetzt.
3. Diese Worte sendet er, indem er sie ausspricht.
4. Die Nachricht wird übermittelt. Durch Schallwellen. Durchs Telefon. Durch andere technische Hilfsmittel.
5. Ein anderer empfängt die Nachricht, er hört sie.
6. Er übersetzt sie für sich: Was heißt das?
7. Er interpretiert die Worte: Was bedeuten sie?

Natürlich ist uns in der Regel dieser Sieben-Schritte-Akt nicht bewusst. Wir kämen ja sonst wohl kaum zu einer ordentlichen Konversation! Aber es kann helfen, sich diese Schritte einmal bewusst zu machen. Denn so oft „hakt" es, wenn wir miteinander reden ...

Meine Oma war ein Dauer-Sender. Was sie auf dem Herzen hatte – und das war eine Menge –, fand sofort ohne jeden Umweg und ohne jede Verzögerung den Weg auf die Zunge. Kurz und krumm: Oma redete den lieben langen Tag. Sie war ein Sender ohne Sendepause.

Das war nicht weiter schlimm. Meine Oma war eine lustige Oma. Und sie zog in der Regel nicht über andere her. Aber es war anstrengend, ihr zuzuhören. Ausgesprochen anstrengend.

Kennen Sie die herrliche Anekdote aus dem Leben des griechischen Philosophen Sokrates?

Eines Tages kam ein Bekannter zum griechischen Philosophen Sokrates gelaufen.

„Höre, Sokrates, ich muss dir berichten, wie dein Freund ..."

„Halt ein!", unterbrach ihn der Philosoph. „Hast du das, was du mir sagen willst, durch die drei Siebe gesiebt?"

„Drei Siebe?", fragte der andere verwundert.

„Ja, die drei Siebe! Das erste ist das Sieb der Wahrheit. Hast du das, was du mir berichten willst, geprüft, ob es auch wahr ist?"

„Nein, ich hörte es erzählen und ..."

„Nun, so hast du es sicher mit dem zweiten Sieb, dem Sieb der Güte, geprüft. Ist das, was du mir erzählen willst – wenn es schon nicht wahr ist – wenigstens gut?" Der andere zögerte.

„Nein, das ist es eigentlich nicht. Im Gegenteil ..."

„Nun", unterbrach ihn Sokrates. „So wollen wir noch das dritte Sieb nehmen und uns fragen, ob es notwendig ist, mir das zu erzählen, was dich so zu erregen scheint."

„Notwendig gerade nicht ..."

„Also", lächelte der Weise, „wenn das, was du mir eben sagen wolltest, weder wahr noch gut noch notwendig ist, so lass es begraben sein und belaste weder dich noch mich damit."

Auch Benedikt wusste, worauf es beim Reden ankommt – und dass wir nicht alles senden sollten, was uns auf der Zunge liegt. Er lebte im 6. Jahrhundert und gilt als Begründer des westlichen Mönchtums. Im 67. Kapitel seiner Regel ordnet er an, dass seine Mönche, wenn sie von einer Reise zurückkämen, zuerst eine „Reinigungsschleuse" passieren müssten:

> *„Noch am selben Tag sollen sie sich im Gebetsraum auf den Boden werfen und alle um ihr Gebet bitten, wegen des eventuellen Übermaßes an schlechten Bildern und Informationen und nutzlosen Ansprachen, denen sie*

unterwegs ausgesetzt waren. Keiner nehme sich heraus, einem anderen alles zu berichten, was er außerhalb des Klosters gesehen oder gehört hat, denn das richtet gewaltigen Schaden an."

Mein Opa kannte diese Regel genauso wenig wie meine Oma. Vielleicht hätte er sie ja seiner Frau von Zeit zu Zeit auf den Kaffeetisch gelegt ... Aber so schwieg er. Meist. Was blieb ihm auch anderes übrig? Ob er zugehört hat, da bin ich mir nicht sicher. Opa hatte den Empfänger vermutlich längst leise gedreht ...

Wer immer „auf Sendung" ist,
hat irgendwann keine Zuhörer mehr.

Ich bin ein Empfänger

Tag für Tag bin ich auf Empfang. Und oft genug auch in den Randbezirken des Tages. Ich schlafe vor dem Fernseher ein. (Da gibt's doch diese schöne, schreckliche „Sleep-Funktion"...) Ich wache mit Musik auf. Mit Musik und munteren Moderationen und Nachrichten. Und so geht das den ganzen Tag weiter: Ich lese Zeitung und checke meine E-Mails. Ich höre Radio und ich schaue fern. Ich surfe im Internet und ich telefoniere. Und ich rede und höre, spreche mit Freunden, Nachbarn, Kollegen, Konkurrenten ... Und werde mit einer unüberschaubar großen Menge an Informationen gefüttert.

Oft höre ich gar nicht mehr hin.

Vielleicht, weil ich mich schützen will und muss. Und weil der Speicher längst voll ist. Übervoll. Mein Hirn will nicht mehr. Das nämlich kann in der Regel gerade so viele Informationen verarbeiten, wie ich ihm bei einer normalen Lesegeschwindigkeit zukommen lasse. Lärmen draußen Kinder und läuft im Hintergrund der Fernseher, ist es eigentlich schon überfordert.

Dabei sah das Leben vor noch nicht mal hundert Jahren so gänzlich anders aus.

Spätestens 1953 wurde alles anders. Es begann mit einem einzigen bescheidenen Programm. Stundenweise. In Schwarzweiß. Und ein kleiner Kasten veränderte die Welt, produzierte schon bald echte „Straßenfeger". Weil alle, buchstäblich alle, in die Röhre guckten. Der Francis-Durbridge-Mehrteiler „Das

Halstuch" erreichte 1962 die sagenhafte Einschaltquote von 80 Prozent.

Aber es gab auch noch „Sendungen", die es heute gar nicht mehr gibt: das Testbild. Über Stunden gönnte der kleine Kasten sich und uns eine Verschnaufpause.

Wir hatten damals noch keinen Fernseher, wie die meisten. Wir hatten die Jungschar, mit fast hundert Jungs. Und jede Menge Stimmung, beim Saalhockey zum Beispiel. Mit echten Hockeyschlägern und einem Puck aus Schaumgummi. Und jede Menge Stille. Bei der Andacht und einer spannenden Geschichte. Unglaublich war's. Aber eben auch anders als heute, wo Hockey mit der Playstation gespielt wird und sich jeder Jungscharleiter an Thomas Gottschalk und Mario Barth messen lassen muss ...

In vielen Häusern läuft der Fernseher längst Tag und Nacht. Die deutschen Haushalte empfangen derzeit durchschnittlich 72 Programme. Aber: Lediglich 15 Sender werden mehr als zehn Minuten pro Monat gesehen. Über 80 Prozent der Fernsehnutzung entfällt auf ganze sechs Sender, wie eine aktuelle Untersuchung* ans Tageslicht gebracht hat.

Im Durchschnitt verbringen wir täglich über zehn Stunden mit Medien. Sehen drei Stunden und vierzig Minuten fern. Je älter, desto länger. Tendenz: steigend. Dazu läuft drei Stunden und 41 Minuten das Radio, Tendenz steigend. Und wir surfen stundenlang im Internet. Tendenz: rasant steigend. Nach einer Umfrage des Hightech-Verbandes Bitkom sind bereits 95 Prozent der 14- bis 29-Jährigen regelmäßig im Internet.

Alles verändert sich. Und alles verändert sich immer schneller. Die Durchdringungsgeschwindigkeit des Radios be-

---

* Studie von SevenOne Media, der Werbetochter der ProSiebenSat.1 Group.

trug 38 Jahre. Das heißt: Erst nach 38 Jahren hatte die Hälfte der Bevölkerung ein eigenes Gerät. Der Fernseher brauchte nur noch 13 Jahre. Das Handy elf und das Internet ganze vier Jahre.

Und das Internet hat wahrlich alles verändert! Nachhaltiger, als den meisten von uns bewusst ist. Tag für Tag fliegen fast 100 Milliarden E-Mails um die Welt. Und Google, die Suchmaschine, die längst zu einem gigantischen Informationskonzern geworden ist, bearbeitet täglich 3 Milliarden Anfragen. Und lebt nicht schlecht damit. Der jährliche Gewinn aus Werbeerlösen liegt aktuell bei 20 Milliarden US-Dollar.

Derweil verändert „Social Software" unsere Beziehungen. Man vernetzt sich im Internet. Sammelt „Freunde". Und gibt zuweilen höchst intime Details von sich preis. Zum sozialen Netzwerk „Facebook" etwa gehören nach eigenen Angaben bereits über 600 Millionen Menschen weltweit. Allein mehr als 16 Millionen in Deutschland. Unglaublich! Und täglich kommen Zehntausende dazu.

Ist das gut? Ist das schlecht? Es ist anders. Immer mehr Menschen jedenfalls nutzen nicht nur das Netz, sie *leben* im Netz. Das Netz ist ihr Zuhause, ihre Heimat.

Siedeln sie im Lande Nod, im Land der Heimatlosigkeit, wie einst Kain, der Sohn Evas?

Experten ahnen: Die tatsächliche Veränderung der Gesellschaft steht erst am Anfang ... Der Wahlerfolg von Barack Obama zum Beispiel geht vor allem auf das Internet zurück. Auf Twitter schrieb jemand jüngst: „Ihr werdet euch noch wünschen, wir wären politikverdrossen!" Die friedlichen Revolutionen in Tunesien und Ägypten waren nicht zuletzt aufgrund dieser medialen Vernetzung möglich.

Medien total. Wir sind eine Mediengesellschaft, in der sich

Menschen zuweilen besser in der Lindenstraße auskennen als in ihrer eigenen Familie. Wir sind die Informationsgesellschaft, in der vor allem Wissen zählt. Dieses Wissen hat jedoch eine immer kürzer werdende Halbwertzeit. Trotzdem: Wir sind die bestinformierte Gesellschaft aller Zeiten! Menschen im Mittelalter haben im ganzen Leben weniger Informationen bekommen als wir an einem einzigen Tag. Wir können alles wissen. Wir können überall dabei sein. Aber das Koordinatensystem fehlt, brauchbare Verständnishilfen. Uns fehlt das Orientierungswissen. Was heißt das? Was bedeutet das? Alles steht gleichwertig nebeneinander. Es gibt „die" Wahrheit nicht mehr. Es gibt Milliarden Wahrheiten. Es lebe die Postmoderne!

Gleichzeitig stapeln sich die ungelösten Probleme.

Ein unbekannter amerikanischer Autor hat unsere Zeit einmal so beschrieben:

Wir haben größere Häuser, aber kleinere Familien.
Mehr Bequemlichkeiten, aber weniger Zeit.
Mehr Experten, aber größere Probleme.

Wir haben unseren Besitz vervielfacht, aber unsere Werte reduziert.
Wir wissen, wie man seinen Lebensunterhalt verdient, aber nicht mehr, wie man lebt.
Wir haben dem Leben Jahre hinzugefügt, aber nicht den Jahren Leben.
Wir kommen zum Mond, aber nicht mehr an die Tür der Nachbarn.
Wir haben den Weltraum erobert, aber nicht den Raum in uns.
Wir können Atome spalten, aber nicht unsere Vorurteile.

Es ist die Zeit, in der es wichtiger ist, etwas im Schaufenster stehen zu haben statt im Laden.
Wo moderne Technik einen Text wie diesen in Windeseile in alle Welt tragen kann.
Und wo Sie die Wahl haben:
Das Leben ändern – oder den Text löschen ...

Komisch: Die bestinformierte Gesellschaft aller Zeiten weiß eigentlich nicht mehr so richtig, was im Leben zählt, worauf's ankommt, worauf man bauen kann. Die bestinformierte Gesellschaft ist dabei, ihre Mitte zu verlieren. Ihre Heimat. Die Menschen sehnen sich nach krisenfesten Beziehungen und wissen manchmal nicht mehr, wie man die gestaltet.

Aber die Sehnsucht danach wird immer größer.

Denn die Flut an Wissen, Informationen, Nachrichten droht uns das Fundament wegzuspülen, auf dem wir echte Beziehungen aufbauen können. Tragfähige Beziehungen aber leben von der gesunden Balance aus Senden und Empfangen. Daher:

Wer ständig auf Empfang ist, ist in aller Regel ein lausiger Empfänger.

Es bleibt ihm ja gar nichts anderes übrig: Er muss instinktiv entscheiden, was er hören will und was nicht. Meist muss dann die liebe Gattin beim Abendbrot auf seine Aufmerksamkeit verzichten.

Vielleicht singt sie dann dieses Lied:

Hab ich Platz in deinem Zelt?

Hab ich Platz in deinem Zelt, komm ich vor in deiner Welt?
Wenn du Freunde aufzählst, bin ich dann dabei?
Wenn du weinst und wenn du lachst,
wenn du einschläfst und erwachst,
wenn du schilderst, was im Leben dir gefällt –
hab ich Platz in deinem Zelt?

Hab ich Platz in deinem Zelt, komm ich vor in deiner Welt?
Wenn du dein Übermorgen planst, planst du mich ein?
Wenn du fragst, wer dich versteht,
raue Wege mit dir geht,
wer auch dann noch, wenn du scheiterst, zu dir hält –
hab ich Platz in deinem Zelt?

Hab ich Platz in deinem Zelt, komm ich vor in deiner Welt?
Wenn du stolz dein Glück genießt, bin ich dabei?
Wenn du das große Los gewinnst,
wenn du „We are the champions" singst,
weil das Leben dich aufs Siegertreppchen stellt –
hab ich Platz in deinem Zelt?

Hab ich Platz in deinem Zelt, komm ich vor in deiner Welt?
Wenn es Nacht wird und du frierst, rückst du an mich?
Wenn der Nordwind dich erschreckt,
wenn ein böser Traum dich weckt,
wenn du denkst, dass dich die Welt zum Narren hält –
hab ich Platz in deiner Welt?

Manchmal denk ich, für dich geht's auch ohne mich.
Manchmal denk ich, du brauchst mich nicht.
Und dann denk ich, doch ich, ja, ich brauche dich,
alleine leben mag ich nicht.

Aber ich stelle erleichtert fest, dass es bei Gott anders ist. Zum Glück. Zu meinem, zu unserem Glück:

Hab ich Platz in deinem Zelt, komm ich vor in deiner Welt?
Heute frag ich das ganz leise dich, mein Gott.
Der du das Universum lenkst, der du in Ewigkeiten denkst,
der du ganz anders bist als ich und meine Welt –
hab ich Platz in deinem Zelt?

Hab ich Platz in deinem Zelt, komm ich vor in deiner Welt?
Du bist heilig, du bist Gott, ich bin ein Mensch.
Doch dann verlässt du deinen Thron,
und dann verschenkst du deinen Sohn
und sagst, dass alles, was uns trennte, nicht mehr zählt –
und ich nehm Platz in deinem Zelt!

Gott ist auf Empfang. Immer. Er ist mein ewiges Zuhause. Eine himmlische Heimat mitten in dieser Welt.

Beziehungen sind der Schlüssel

Den ganzen Tag schon hatte sie sich darauf gefreut. Endlich war er da. Sie *musste* ihm einfach erzählen, was sie heute Morgen in ihrer Gymnastikgruppe gehört hatte. Nicht zu glauben war das, einfach nicht zu glauben! Claudia und Bernd hatten sich mit Jasmin und Thorsten verkracht. Aber so was von! Und warum? Wegen einer Lapalie! Einer dummen, kleinen Lapalie!

„Und weißt du wegen welcher?"

„Hörst du mir überhaupt zu?"

„Frank!"

„Ja?"

Nicht mal heruntergenommen hatte er die Zeitung! Nicht mal angesehen hatte er sie! Tststs.

Und sie lernte wieder einmal neu: So einfach ist das mit der täglichen Kommunikation ganz und gar nicht. Da gibt's Filter, die nicht durchlassen, was du dem anderen erzählen willst. Zeitungspapier ist manchmal dick wie eine Betonwand. Der Fernseher hat die Fähigkeit, jede persönliche Kommunikation übertönen. Und die Nachrichten auf dem iPad können so viel interessanter als die Alltagsgeschichten aus der Nachbarschaft sein.

Interessiert sich der Empfänger nicht für das, was der Sender sendet, kann der sich einen Wolf senden – keine Nachricht erreicht ihr Ziel. Wenn der Empfänger keine Zeit hat, auch nicht. Oder wenn er müde ist. Oder einfach keine Lust hat, die empfangenen Nachrichten so zu übersetzen, dass er sie versteht.

Bei elektronischen Medien ist das klar: Nur wenn der Empfänger die Frequenz einstellt, auf der der Sender sendet, empfängt er ein Signal.

Aber wir merken schon, die Sache ist noch komplizierter. Kommunikation ist nämlich immer auch eine Beziehungsfrage. Denn jeder Sender steht in einer Beziehung zu seinem Empfänger. Und umgekehrt. Ob ihm das bewusst ist oder nicht. Immer spielt diese Ebene eine Rolle. Vielleicht sogar die Hauptrolle.

Mag der Sender den Empfänger? Mag der Empfänger den Sender?

Haben sie in der Vergangenheit gute Erfahrungen miteinander gemacht oder eher schlechte? Vertrauen sie einander? Fühlt sich der Empfänger vom Sender verstanden? Fühlt er sich *zuhause* bei ihm?

Mein Opa kannte meine Oma seit vielen Jahrzehnten. Er liebte sie. Sie war sein Zuhause. Und er ihres. Deshalb ließ es sie reden. Nur ab und zu schwoll ihm der Kamm: „Ach Mutter, das hast du jetzt aber wirklich schon hundertmal erzählt!" Was immerhin zeigte, dass er das Gesagte die ersten hundertmal gehört, oder sagen wir, zumindest zur Kenntnis genommen hatte.

Jedenfalls wusste er: Sie meint es auf jeden Fall gut mit ihm.

Ja, ja, die Beziehungen. Sie sind vielleicht der entscheidende Schlüssel zur Tür des gegenseitigen Verstehens.

An welche Lehrer erinnere ich mich gerne? Bei wem habe

ich etwas gelernt? Bei den brillanten? Bei den kompetenten? Bei den strengen? Bei den gütigen? Oder bei den lockeren? Ich behaupte: Bei denen, in deren Gegenwart ich gespürt habe: Die mögen mich. Die sorgen sich um mich, setzen sich für mich ein. Die wollen, dass ich den Stoff kapiere.

Gut, dass ich immer wieder solche Lehrer hatte. Und solche Pfarrer und Prediger. Und solche Jungscharleiter und Kindergottesdiensthelfer. Und solche Freunde. Ihnen habe ich einmal den folgenden Liedtext gewidmet:

Und da sind Menschen

Einer lehrte mich laufen.
Einer lehrte mich tanzen.
Einer schenkte mir Worte.
Und ein anderer ein Lied.
Einer formte mein Denken.
Einer prägte mein Leben.
Einer zeigte mir das,
was man mit Augen nicht sieht.

Einer lehrte mich fragen.
Einer lehrte mich glauben.
Einer half mir zu lachen.
Einer weinte mit mir.
Einer säte die Liebe.
Einer pflegte die Hoffnung.
Einer zeigte den Himmel.
Einer war meine Tür.

Und da sind Menschen.
Gefährten und Freunde.
Und da sind Menschen.
Mein Leben ist reich.

Vielen Dank, ihr Gefährten
in den Gefahren des Lebens.
Vielen Dank, ihr Begleiter
durch das Lachen, das Leid.
Gerne will ich euch geben,
was ich selber bekommen.
Und ich will für euch da sein
als Gefährte auf Zeit.

Und ich will nach euch sehen.
Und ich will auf euch hören.
Zu verstehen versuchen,
wie ihr mich meist versteht.
Und ich will für euch hoffen.
Und ich will für euch beten.
Und des Nachts will ich zeigen,
wo der Morgenstern steht.

Der britische Schriftsteller und Journalist Gilbert Chesterton (1874–1936), unter anderem Erfinder der Pater-Braun-Geschichten, hat einmal eine kecke Frage gestellt und die Antwort gleich mitgeliefert:

> *„Womit muss ich vertraut sein, wenn ich Charles Latein beibringen will? Mit Charles!"*

Nur gut in Latein sein, reicht nicht. Es hat noch nie gereicht.

Friedemann Schulz von Thun, Psychologieprofessor in Hamburg, hat diesen Gedanken noch ein bisschen verfeinert. Er sagt: Es gibt nicht nur diese zwei Ebenen in jeder Kommunikation, die Sachebene und die Beziehungsebene. Es gibt insgesamt sogar vier Ebenen. Denn jeder Sender spricht mit vier Mündern. Und jeder Empfänger hört mit vier Ohren.

Zunächst mit dem „Sachohr“, klar. Jeder Empfänger fragt als erstes: Was höre ich da? Und wie ist es zu verstehen?

Das zweite Ohr ist das „Selbstoffenbarungssohr“: Der Empfänger fragt: Was ist das eigentlich für einer, der da mit mir redet?

Das dritte Ohr nennt Schulz von Thun schlicht das „Beziehungsohr“. Der Empfänger fragt: Wie steht der Sender zu mir? Was hält er von mir? Wie stehen wir zueinander?

Das vierte Ohr schließlich ist das „Appellohr“. Das fragt sich: Was will der Sender von mir? Was soll ich tun?

Ich sehe ein Ehepaar an der Ampel. Sie sagt: „Es ist grün!“

Worauf er beleidigt zurückblafft: „Denkst Du, ich habe keine Augen im Kopf?“

Sie versteht die Welt nicht mehr. Sie wollte ihm doch nur helfen! „Ich hab doch nur gesagt: Es ist grün!“

Hat sie. Klar. Aber er hat verstanden: „Wo hast du eigentlich deinen Führerschein gemacht? Man hält bei Rot, man fährt bei Grün! Immer bist du mit den Gedanken woanders! Das ist mir schon seit ein paar Wochen aufgefallen.“

Das hat er verstanden. Gesagt aber hat sie's nicht. Vermutlich nicht einmal gemeint. Was sie gesagt hat, hat sie gesagt, weil sie eine Frau ist. Frauen wollen immer helfen und führen dabei zunächst einmal nichts Böses im Schilde.

Er hat etwas anderes gehört, weil er ein Mann ist. Er fühlt

sich kritisiert und belehrt, wenn ihm ein anderer helfen will. Und das können Männer auf den Tod nicht ausstehen.

Und vielleicht fühlt er sich schon seit Wochen beobachtet oder, schlimmer noch, bevormundet ...

In solchen scheinbar unbedeutenden Kommunikationssituationen zeigt sich nicht selten, wie's um die Beziehung steht. Sollten sie jemals mit im Auto sitzen, wenn sich solch eine Szene ereignet, schauen Sie am besten angestrengt aus dem Fenster und pfeifen ein fröhliches Lied ...

Der eingangs schon erwähnte Paul Watzlawik hat ein freches und provozierendes Buch geschrieben, mit dem herrlichen Titel: „Anleitung zum Unglücklichsein". Darin schildert er eine andere kleine Eheszene:

„Für diese Suppe habe ich ein neues Rezept ausprobiert. Schmeckt sie dir?", fragt sie.

Er zögert ... Warum? Na, er kann sich jetzt mächtig in die Nesseln setzen!

Nehmen wir an, die Suppe schmeckt scheußlich. Trotzdem schätzt er die Mühe seiner Frau. Und er liebt sie. Was sagt man da? Er will sie auf keinen Fall verletzen. Eine beliebte Variante klingt so: „Doch, schmeckt wirklich interessant, Liebes!"

Nehmen wir umgekehrt an, die Suppe ist klasse – aber seine Frau geht ihm in den letzten Tagen fürchterlich auf die Nerven. Da will ihm einfach kein Kompliment über die Lippen kommen. Ihm kann die Suppe nicht schmecken, weil ihm seine Frau nicht schmeckt. Am besten murmelt er in solchen Situationen etwas Unverständliches in seinen Bart.

Fein raus ist er nur in folgender Lage: Ihm schmeckt die Suppe, und er findet toll, dass sie sich extra für ihn so viel Mühe gemacht hat. Und überhaupt ist er hin und weg von seiner Frau. Also sagt er strahlend: „Wunderbar, Schatz! Einfach wunderbar! Du bist die beste Köchin der Welt! Ich liebe dich!"

Eine einfache Frage. Und viele Möglichkeiten zu reagieren. Viele Möglichkeiten, eine Beziehung so zu belasten, dass sie ein paar Wochen braucht, um sich wieder zu erholen. Oder sie für den Rest des Tages zu einem Fest zu machen.

An der Sprache arbeiten reicht nicht.
Man muss an der Beziehung arbeiten,
wenn man erfolgreich kommunizieren will.

Wir reden, auch wenn wir schweigen

Nur manchmal liegt's an der Sprache, wenn wir uns nicht verstehen. Wir reden nämlich auch, wenn wir nicht reden. Unser Gesicht redet. Unsere Hände reden. Der ganze Körper redet. „Körpersprache" nennt man das.

Überhaupt kommunizieren wir viel weniger mit Worten, als wir meinen. Was ankommt von dem, was ich sage, und wie es ankommt, liegt nicht zuletzt auch am Tonfall, an der Mimik und an der Gestik. Vor allem daran, sagen Experten.

Ein Bekannter erzählte einmal, was er mit seinem kleinen Sohn erlebt hat: „Wenn ich ihn ausschimpfe und dabei freundlich lächele, dann lächelt er zufrieden zurück. Wenn ich ihn lobe, dabei aber ein grimmiges Gesicht mache, fängt er an zu weinen."

Die Worte machen's nicht. Machen's wenigstens nicht allein. Ich kommuniziere mehr als Worte. Ich kommuniziere mein Herz. Der Ton macht die Musik. Das Herz macht die Kommunikation aus.

Von der Persönlichkeitstrainerin Regina Först stammt der Satz:

„Die Leute werden vergessen, was Sie gesagt haben!
Aber sie werden niemals vergessen, wie sie sich bei Ihnen gefühlt haben."

Sie kennen das auch, oder? Zu Beginn der Veranstaltung klettert ein mehr oder weniger freundlicher Mensch auf die Bühne, um die Anwesenden zu begrüßen. Erst klopft er ein paar Mal ans Mikrofon, um sich zu vergewissern, dass die Technik funktioniert – ein Albtraum für jeden Tontechniker. Dann zieht er umständlich einen Zettel aus der Jacketttasche, räuspert sich und beginnt: „Ich möchte Sie heute Abend sehr herzlich begrüßen. Ich freue mich, dass Sie so zahlreich erschienen sind!" Was mich immer dreifach wundert. Denn erstens: Wenn er uns schon begrüßen möchte, warum tut er's dann nicht? Zweitens bin ich nicht zahlreich erschienen, sondern alleine oder zu zweit. Und drittens merke ich diesem verknitterten Menschen da vorne beim besten Willen nicht an, dass er sich freut. Über mich. Über uns.

So was irritiert besonders bei christlichen Veranstaltungen.

Früher, bei uns im CVJM Lüdenscheid-West, war das fast ein festes Ritual. Immer wieder mal reckte einer von uns die Arme ruckartig in die Luft und deklamierte mit finsterer Miene: „Das Christentum ist eine fröhliche Sache!"

Wer sich freut, darf dass auch zeigen. Sonst glaubt man's ihm nicht. Und wenn Christen fröhliche Leute sind, dann darf man das auch ihren Augen und dem kompletten Gesichtsausdruck ansehen.

Ich weiß, wovon ich spreche. Ich komme aus dem Sauerland. Dort zeigt man Emotionen, na sagen wir, eher verhalten. Vor vielen Jahren traf ich einmal Jörg Swoboda in Ost-Berlin. Ja, genau da. Die Mauer stand noch. Ich war nicht allein gekommen, gleich eine ganze Gruppe westlicher Christenmenschen war angerückt, um sich mit einer Gruppe östlicher Christenmenschen zu treffen und auszutauschen. „Ich freue mich riesig, dass ihr da seid!", strahlte Jörg mich an. „Ja, ich freue mich auch!", muss ich wohl gesagt haben. Aber scheinbar nicht sehr überzeugend. Denn Jörg erwiderte frech: „Dann guck bitteschön auch so!"

Das saß. Denn er hatte recht.

Seitdem versuche immer wieder mal, meinen Gesichtsausdruck zu reflektieren. Man kann das üben. Wirklich.

Denn dieser Gesichtsausdruck sagt mehr als das, was ich sage.

Ein anderes Beispiel: Ich gebe ein Konzert in einer kleinen romantischen Dorfkirche. In der ersten Reihe sitzt eine alte Dame, die mich die ganze Zeit grimmig anschaut. „Bin ich zu laut?", frage ich mich, während ich weitersinge. „Oder zu leise?" „Bin ich zu witzig?", denke ich im nächsten Moment. „Oder zu fromm?" Irgendetwas jedenfalls stimmt nicht zwischen dieser alten Dame und mir.

Am Ende des Konzerts, bei der üblichen Dankesrede des Veranstalters, nehme ich neben ihr Platz. Nicht ganz freiwillig, zugegeben. Aber nirgends sonst ist mehr ein freier Sitzplatz.

Und kaum habe ich Platz genommen, strahlt mich die alte Dame an und sagt: „Hätte mir heute Morgen jemand gesagt, ich würde heute Abend neben Ihnen sitzen – ich hätte das nicht geglaubt! Ihr Konzert war einfach wunderbar!"

Warum aber nur hatte sie den ganzen Abend so grimmig geschaut? Vielleicht, weil sie hoch konzentriert war. Oder schlecht hörte. Oder schlecht sah ... Jedenfalls habe ich mich ein ganzes langes Konzert vergeblich gegrämt.

Denken Sie also öfter mal dran:

*Dein Gesicht muss dasselbe sagen
wie dein Mund. Sonst glaubt dir kein Mensch,
was du sagst.*

Ja, ich weiß, es ist nicht immer einfach, freundlich in die Welt zu gucken. Dabei gibt's sie zum Glück auch, die Leute, deren Augen strahlen, denen es leicht zu fallen scheint, ihrer Freude Ausdruck zu geben. „Durchfreute Menschen" sind das. Sie repräsentieren Gottes Himmel in dieser Welt erheblich eindrucksvoller als die Finstergesichter. Manchmal frage ich sogar: Bist du ein Engel?

Bist du ein Engel?

Bist du ein Engel oder nicht?
Du siehst nicht aus wie all die Engel aus den Büchern.
Bist du ein Engel? Eher nicht!
Denn Engel kommen meist in leuchtend
weißen Tüchern.

Doch warst du da, als ich dich rief,
und was du sagst, berührt mich tief.
Du bist ein Engel! Oder wenigstens beinah.

Bist du ein Engel oder nicht?
Du kamst zu Fuß und bist nicht durch die Luft geflogen.
Bist du ein Engel? Eher nicht!
Denn mit Verlaub bist du sehr irdisch angezogen!

Doch macht dein Strahlen alles wett,
und du bist einfach himmlisch nett.
Du bist ein Engel! Oder wenigstens beinah.

Bist du ein Engel oder nicht?
Hat denn ein Engel kurzes Haar und braune Augen?
Bist du ein Engel? Eher nicht!
Denn ich seh keine Flügel, die zum Fliegen taugen.

Doch wenn du lachst, lacht auch mein Herz,
ziehn die Gedanken himmelwärts.
Du bist ein Engel! Oder wenigstens beinah.

Bist du ein Engel oder nicht?
Für mich kamst du direkt vom Himmel auf die Erde.
Bist du ein Engel? Weiß es nicht.
Weil ich nur staunen und nicht weiter fragen werde.

Du kommst von Gott, du bringst sein Licht,
mehr bringen auch die Engel nicht.
Du bist ein Engel! Oder wenigstens beinah.*

Die besondere Herzenssprache Humor

Wir verstehen uns auch deshalb zuweilen nicht, weil wir nicht denselben Humor teilen. Humor kommt in ausgesprochen unterschiedlicher Gestalt daher.

Das hat auch etwas mit der Gegend zu tun, in der einer großgeworden ist. England oder Russland. Rheinland oder Sauerland.

Karl Kraus hielt die Deutschen grundsätzlich für eher humorlos. Einmal schlug er vor, man sollte in der deutschen Schriftsprache Ironiezeichen einführen. Für alle Fälle ...

Gäb's sie, wüsste ich wenigstens, ob die Botschaft auf dem großen Werbeaufkleber auf der Heckscheibe des Wagens, den ich vor ein paar Monaten auf der Autobahn überholt habe, ernst gemeint war oder nicht:

Schießen lernen – Freunde treffen!
Leipziger Schützenfreunde e. V.

Menschen lachen in unterschiedlichen Situationen unterschiedlich laut. Oder gar nicht.

Humor ist eine Herzenssprache und deshalb vielleicht besonders wichtig für gelingende Beziehung. Michelle Obama, Ehefrau des amerikanischen Präsidenten, sagte neulich auf die Frage, was das Geheimnis einer guten Ehe sei: „Dass man miteinander lachen kann."

In der Kirche gehört der Humor nicht unbedingt zu den besonders reichlich verbreiteten Gnadengaben.

Verplappert sich der Pfarrer bei einer Predigt über die Speisung der 5000. „Und Jesus speiste fünf Menschen mit 5000 Broten und zweitausend Fischen."

Am nächsten Sonntag will er seinen Fehler korrigieren. „Jesus hat natürlich 5000 Menschen gespeist. Und das mit nur fünf Broten und zwei Fischen."

Als er einen grinsenden Jungen in der ersten Reihe sieht, fragt er: „Kannst du das auch?"

„Klar!", ruft der. „Mit dem Rest vom letzten Sonntag!"

Hier kommt noch einer:

Ein Pfarrer reibt sich am Sonntagmorgen die Augen und sieht, dass das Wetter einfach nur wunderschön ist. Genau richtig zum Golfspielen. Und sehr ungelegen zum Predigen. Und er ruft einen Kollegen an:

„Du, mir geht's heute nicht so gut. Würdest du für mich einspringen? Kannst ja deine Predigt vom letzten Sonntag halten."

Der Freund lässt sich erweichen und unser Pfarrer zieht fröhlich auf den Golfplatz.

Zwei Engel beobachten ihn. „Das können wir ihm doch nicht so einfach durchgehen lassen!", entrüstet sich der erste. „Wart ab!", schmunzelt der zweite.

Der Pfarrer holt zum ersten Schlag aus und – Wahnsinn! – macht gleich ein Hole-in-One. Ein Ass. Trifft das Loch mit dem ersten Schlag.

Der erste Engel schaut ärgerlich zum zweiten. „Warst du

das? Wir wollten ihm das doch nicht durchgehen lassen! Und dann sooo ein unglaublicher Schlag!“

Worauf der zweite Engel mit breitem Grinsen antwortet: „Und wem soll er das jetzt erzählen?“

Prediger in den USA lernen, dass sie möglichst jede Predigt mit einem guten Witz beginnen sollen. Bei uns ist das eher ungewöhnlich. Weil wir Christenmenschen im deutschsprachigen Europa keinen Humor haben? Oder weil unsere Prediger fürchten, manche ihrer Zuhörer würden dann an der Ernsthaftigkeit ihrer Predigt zweifeln?

Vor vielen Jahren habe ich einmal einen Text auf den alten Spiritual „John Brown's Body“ geschrieben:

Der alte Opa Schmidt

Der alte Opa Schmidt war lang schon fertig mit der Welt.
Es ging ihm nicht mehr ums Prinzip und nicht
ums liebe Geld.
Denn wenn man weiß, das irgendwann der letzte Vorhang
fällt,
hat man sich drauf eingestellt.

Es war an seinem 80. Geburtstag, gegen vier,
da klingelte energisch der Herr Pfarrer an der Tür.
Mit seiner Tasche unterm Arm sprach er: „Ich gratulier!
Und ich bleib ein Stündchen hier!“

Kaum angekommen, fällt dem guten Pastor etwas ein:
Der Opa hat stets gern gelacht, drum wird es ihn erfreun,

wenn ich mal was zum Lachen vorles, statt so ernst zu sein.
Ja, das wird den Opa freun.

Gesagt, getan – er holt ein Buch von Wilhelm Busch hervor.
Und liest mit Inbrunst, macht Grimassen, denn er liebt Humor.
Der alte Opa Schmidt lauscht voller Andacht dem Pastor –
doch etwas kommt ihm heute spanisch vor.

Als der Pastor geendet, kommt von nirgendwo Applaus.
Der Opa sieht sich zögernd um und sieht ganz ratlos aus.
Der Pfarrer denkt: Du liebe Zeit, ist das ein frommes Haus!
Wie komm ich hier nur heil wieder raus?

Er fragt, warum der Opa denn so ernst ist und nicht lacht?
Ob ihm denn Max und Moritz heute keinen Spaß gemacht?
„Och nee!", sagt der, „Jetzt hab ich doch die ganze Zeit gedacht:

Was Sie da vorlesen, ist Gottes Wort,
und da lacht man doch nicht ...!!"*

Es hat auch nicht jeder gelacht, wenn ich dieses Lied bei einem Konzert vorgetragen habe. Was meine These von oben traurig bestätigt.

Nein – um es einmal ganz allgemein auszudrücken – Religiosität und Humor ist ein Paar, das in einem ständigen Konflikt zueinander steht. Es kommt mir beinahe so vor, als ob es eine Formel gibt: Je frömmer, desto humorloser. Salcia Landmann, eine jüdische Schriftstellerin und Journalistin, die in

* © Abakus Musik Barbara Fietz, 35753 Greifenstein

der Schweiz gelebt hat, hat das im Blick auf den klassischen jüdischen Witz einmal so auf den Punkt gebracht:

> *„Der jüdische Witz setzt eine große religiöse Bildung voraus, wie sie heute nur noch Fundamentalisten mitbringen – und die haben keinen Humor."*

Humor ist eine Sprache.

Sie kennen das doch auch: Sie treffen einen Menschen, der über dieselben Dinge lacht wie Sie und Sie merken: Sie verstehen sich auch in anderer Hinsicht ganz prächtig. Umgekehrt müssen Sie anderen Mitmenschen jede Pointe, jede ironische Bemerkung, jeden Witz, der ihnen über die Lippen gekommen ist, erklären. Da ist auch sonst die Kommunikation eher anstrengend.

Vor einem Konzert drückte mir der Veranstalter schon vor Beginn die Spende an den ERF, die ich als „Honorar" erbeten hatte, in die Hand. Ich dankte artig und erklärte verschmitzt: „Ach, dann kann ich ja auch jetzt schon fahren!" Mein Veranstalter erstarrte und erbleichte. „Dann wären wir aber enttäuscht!", stotterte er.

Von diesem Schreck, schien mir, hat er sich den ganzen Abend nicht erholt.

Wenn Sie also das nächste Mal einen Witz erzählen und keiner lacht, dann denken Sie dran:

Nicht jeder hat deinen Humor. Und dein Humor ist nicht das Maß aller Dinge. Zuweilen musst du's sagen, wenn einer deiner Sätze nur ein Scherz sein soll.

Für einen besseren Empfang

In einem meiner Lieder habe ich mal vom „alten Heiner" erzählt:

Der alte Heiner starrt nur noch auf einen Kasten auf dem Schrank.
Was der sagt, nimmt er lange schon nicht mehr wahr.
Viele hunderttausend Wörter, viele Stunden Sang und Klang,
er weiß nicht, was ist, was kommt und was schon war.
Wirre flimmernde Geschichten, Tod und Leben kreuz und quer.
Er schaut zu und hört schon lange nicht mehr hin.
Nichts ist zu banal, nichts zu brutal, und nichts zu leicht, zu schwer,
all die Bilder geben für ihn keinen Sinn.

Der alte Heiner ist überall. Und meist steckt er auch in mir. Ich lese und sehe und höre den ganzen Tag. Und weiß manchmal schon eine Viertelstunde später nicht mehr, was ich gelesen, gehört, gesehen habe.

Machen Sie mal die Probe aufs Exempel: Wissen Sie um 10 Uhr noch, welcher Bibelvers in den „Losungen" stand, die Sie um 8 gelesen haben?

Wir lesen, hören, sehen zu viel. Weniger ist mehr.

Aber wie geht das – weniger aufnehmen?

Fragen Sie einfach immer wieder:

Muss ich das hören? Muss ich das sehen? Muss ich das lesen? Muss ich das wissen?

So vieles muss ich weder hören, noch sehen, noch lesen, noch wissen. Es bindet einfach zu viel Hirnkapazität. Seelenkapazität.

Natürlich muss ich auf dem Laufenden bleiben. Natürlich erfordern die meisten Berufe, dass ich über die aktuellen Entwicklungen informiert bin. Aber weil ich ohnehin nicht alles wissen kann, muss ich auch nicht alles wissen.

Und zwischendurch darf ich mir eine infofreie Zeit gönnen. Ein Experte rät: „Tauchen Sie ab und zu unter und nehmen Sie sich eine Auszeit vom Informationskonsum!“

Wir sind oft genug Getriebene. Mancher sitzt den lieben langen Tag an seinem Rechner und liest und beantwortet E-Mails. Damit das Postfach nicht überläuft.

Aber hat er glücklich eine Nachricht abgeschickt, sind längst vier neue da, deren Inhalt ihn zuweilen eigentlich gar nichts angeht. Er schreibt sich die Finger wund und löscht und löscht – und am Abend ist sein Postfach voller als am Morgen.

Der Vorstandschef eines großen Unternehmens hat einmal gesagt: „Eigentlich müsste ich den ganzen langen Tag nichts anderes tun als E-Mails lesen und schreiben, um einigermaßen über das informiert zu sein, was in unserem Unternehmen läuft.“

Aber ist das seine Aufgabe? Kommt er dann überhaupt noch dazu, strategisch vorauszudenken, Entscheidungen abzuwägen?

Und weiß er am Abend noch, was er am Morgen gelesen oder geschrieben hat?

E-Mails beantworten ist manchmal wie Tetris spielen. Du freust dich über jede Schicht, die sich in Luft auflöst. Doch es kommen ständig neue Steinchen. Immer mehr, immer schneller. Sie haben die Lufthoheit über Büros und Wohnzimmer erobert. Aber sie erwischen uns längst überall. Per Blackberry und iPhone und in freien WLAN-Zonen.

Und während mancher sich noch grämt, merkt er vielleicht, dass er längst zum Junkie geworden ist. „Mal schauen, was es Neues gibt." Und er meldet sich bei Facebook und Xing an ...

Neulich saß ich vor dem Fernseher. Es lief das legendäre letzte Formel-1-Rennen mit Sebastian Vettel. Auf meinem Schoß lag das iPad, mit dem ich bei Amazon nach einer CD suchte. Da rief ein Freund an und fragte, ob wir unsere Verabredung heute Abend um eine halbe Stunde verschieben könnten. Und mein Handy meldete: „Neue Nachricht".

Wir werden getrieben und gejagt, bis uns die Puste ausgeht. Und wir lassen es zu. Ja, wir wollen es gar nicht wirklich anders. Aber sehnen wir uns nicht gleichzeitig danach, nicht länger Getriebene zu sein? Keine Gejagten, sondern Geführte?

Was also tun? Persönliche Ruhezonen schaffen und sich schützen. Nicht alles lesen wollen. Nicht alles wissen wollen. Und umgekehrt: Vor jedem Versand einer E-Mail überlegen: Wer muss das wissen? E-Mails mit 147 Copy-Empfängern sind eine Landplage! Wir müssen uns gegenseitig helfen. Damit wir nicht im Infomüll ersticken und am Ende entdecken: Das Leben findet nur noch digital statt.

Ein paar praktische Ratschläge hat vor einiger Zeit die *Frankfurter Allgemeine Sonntagszeitung* veröffentlicht. Die beinahe therapeutische Überschrift hieß: „E-Mails blockieren den Kopf".

Hier ein paar Auszüge:

Prioritäten setzen:

Statt vierzigmal am Tag die E-Mails abzufragen, reicht es oft schon aus, es nur vier- bis fünfmal über den Tag verteilt zu tun. Das spart Zeit und erhöht die Konzentration für andere Tätigkeiten.

Erst denken, dann schreiben:

Eine E-Mail ist schnell verfasst. Aber ist sie überhaupt notwendig? Oft ist ein Anruf besser, denn man pflegt gleichzeitig die persönliche Beziehung. Mit dem Bürokollegen sollte man sowieso besser persönlich sprechen. Das geht manchmal sogar schneller.

Unerwünschte Post abwehren:

*Wenn E-Mails nerven, weist der kluge Empfänger den Absender gleich darauf hin, dass er solche Post nicht mehr erhalten will. Das gilt besonders für Mails, die per „Weiterleiten"- oder „Kopie"-Funktion massenhaft weiterverschickt werden und große Dateien im Anhang führen.**

Diese Ratschläge gelten natürlich nicht nur fürs E-Mail-Schreiben, sondern ganz allgemein für unseren Umgang mit Medien: Muss ständig im Hintergrund das Radio dudeln? Welche Sendung im Fernsehen will ich mir wirklich anschauen? Wie

* Frankfurter Allgemeine Sonntagszeitung, 06.01.2008, Nr. 1, Seite 34.

kann ich mir freie Zeiten verschaffen für ein persönliches Gespräch? Und hilft mir vielleicht ein Aufkleber „Bitte keine Werbung" an meinem Briefkasten, der Werbeblättchenflut Herr zu werden?

Fragen Sie sich also zuweilen:

Muss ich das wirklich wissen?
Muss das der andere wissen?

In der Beschränkung liegt der Segen. Ich lerne, mich auf das Wesentliche zu konzentrieren. Ich will darauf achten, dass mein Aufmerksamkeitsspeicher nicht mit lauter schrillen, aber unwichtigen Dingen vollgestopft wird. Damit ich das Wesentliche nicht verpasse.

Auch Jesus hatte Zeiten, in denen er „Sendepause" hatte. Sendepause und „Empfangspause". Da ließ er keine Informationen an sich ran, führte keine Gespräche. Den täglichen Trubel ließ er zurück und zog sich zurück „auf einen einsamen Berg, um zu beten". Damit er danach wieder ganz da sein konnte für die Menschen.

So eine Beschränkung erhöht die Wahrnehmungsfähigkeit, die Achtsamkeit. Das tut dann nicht nur uns selbst gut, sondern auch denen, mit denen wir leben und reden.

„Gehn wir zu mir oder gehn wir zu dir?“

„Gehn wir zu mir oder gehn wir zu dir?“ Auch diese Frage hat etwas mit unserer täglichen Kommunikation zu tun. Denn achten Sie mal drauf: Bei jedem Gespräch suchen wir instinktiv den Heimvorteil, locken unser Gegenüber bewusst oder unbewusst zu uns. Auf die Felder also, auf denen wir zuhause sind. Auf denen wir uns auskennen. Fast immer gehen wir dann „zu mir“.

Das gilt auch für die vielen kleinen Geschichten, die wir uns Tag für Tag erzählen. Hast du die Grippe, erzählt dir jeder zweite, den du triffst, wann er seine letzte Grippe gehabt hat, wie's ihm dabei ergangen ist und was er dagegen unternommen hat. Und prompt sind wir „bei ihm“.

Bei einer Tagung in Berlin habe ich einmal mein Portemonnaie verloren. Irgendwie war's plötzlich verschwunden. Mein Portemonnaie mit Geld, Ausweis, Führerschein, Parkticket, Kreditkarten, ach, mit allem, was ich besitze. Der Geldbeutel war wie vom Erdboden verschluckt. Ich habe überall gesucht. Meine Sitznachbarn haben geholfen. Irgendwann verwandelte sich die ganze Tagung in eine einzige Suchaktion. Das hat mir geholfen. Das hat mich bewegt. Ich war nicht allein mit meinem Problem.

Aber Sie glauben nicht, wie viele Geschichten von verlorenen Portemonnaies, Reisepässen, Schlüsseln und Flugtickets ich an diesem Tag gehört habe! Die wollte ich, ganz ehrlich, überhaupt nicht hören. Die haben mich kein bisschen interessiert, geschweige denn getröstet. *Mein* Portemonnaie war weg! Einzig und allein meins!

Obwohl, ich will gerecht sein: Einigen ging's wirklich ganz und gar um mich. Die waren ganz und gar bei mir. Einer hat sich beinahe einen Wolf telefoniert, um herauszufinden, ob's mir nicht doch an einer der anderen Stationen, an denen ich vorher gewesen war, aus der Hosentasche geflutscht war.

Am Abend dann war's auf einmal wieder da! Eine Riesenerleichterung. Auch bei meinem Suchtrupp. Ich weiß bis heute nicht, wo sich mein Geldbeutel versteckt hatte. Einer fand's an einer Stelle, an der ich an diesem Tag mindestens hundertmal nachgeschaut hatte ...

Gehen wir zu mir oder gehen wir zu dir? Ich will nun aber nicht so tun, als wäre das nur ein Problem der anderen. Mir fällt doch auch bei fast jeder Geschichte, die mir ein anderer erzählt, eine eigene Geschichte ein. Und auf einmal, ganz nebenbei, sind wir bei mir gelandet. Da also, wo ich mich zuhause fühle, wo's mir am wohlsten ist. Aber dort verpasse ich den Reichtum eines anderen Lebens. Neue Geschichten. Neue Gedanken. Und bleibe im Grunde allein. Und einsam.

Wer nur bei sich bleibt, lebt ein eintöniges Leben. Im wahrsten Wortsinn.

Gehn wir zu mir oder gehn wir zu dir? Diese Frage hat auch etwas mit unserer täglichen Kommunikation mit Gott zu tun, also mit dem Beten.

Beim Beten nämlich gehen wir auch meist zu mir. Da bitte

ich Gott ins Chaos meines Büros, meiner Küche, meiner Seele. Und – oh Wunder – er kommt. Kommt immer wieder. Lässt sich nicht verschrecken durch allzu viele ungelöste Fragen und Probleme. Gott kommt mit zu mir. Unglaublich!

Aber Beten ist mehr. Kann mehr sein. Beten heißt nämlich auch: Wir gehen zu ihm. In seine helle Welt. In seinen weiten Himmel. Ins Land des Friedens, der Ruhe, der Harmonie.

Es ist jetzt ein paar Wochen her. Am Ende eines überaus hektischen und Kraft zehrenden Tages sollte ich unsere Live-Sendung „wirklich." moderieren. Doch ich kriegte den Kopf nicht frei. Den Kopf nicht, die Seele nicht und den Schreibtisch schon gar nicht.

Plötzlich durchschoss mich der Gedanke: „Du könntest ja einfach mal beten. Predigst das anderen doch immer wieder." Im Büro aber wollte das nicht wirklich gelingen. Also stieg ich in die obere Etage unseres Funkhauses. Dort haben wir vor ein paar Jahren einen kleinen Andachtsraum eingerichtet. Ich habe eine Kerze angezündet, mich vor das Kreuz gekniet und zum Losungsheft gegriffen. Darin las ich einen Psalmvers, der wie für mich ausgesucht schien: „Vor dir ist Freude die Fülle" (Psalm 16,11).

Vor mir war Anspannung, war Hektik, war Kraftlosigkeit. Vor ihm war Freude, war Frieden, war Kraft. Ich habe den Frühlingsduft seiner Liebe eingeatmet. Und über seine Weitherzigkeit und Freundlichkeit und Schönheit und Ewigkeit gestaunt. Und habe mich beschenken lassen. Und bin anschließend mit neuer Kraft ins Fernsehstudio gegangen. Weil ich bei *ihm* gewesen war. Nicht nur bei mir.

Eigentlich schade, wenn wir im Gebet immer nur „zu mir" gehen. Denn dann bleibe ich mit ihm bei mir. Was nicht schlecht ist. Aber eben längst nicht alles. Neue Kraft für den

Alltag, frische Zuversicht für ein neues Jahr, Glaubensmut für ein ganzes Leben gibt's bei ihm.

Es gilt eben auch für die Kommunikation mit Gott: Wer nur bei sich bleibt, lebt ein eintöniges Leben! Den Reichtum des Himmels entdeckt nur, wer sich auf sein himmlisches Gegenüber einlässt.

Darum will ich auch künftig sein leises Werben hören und erhören und immer neu darüber staunen, wie wunderbar Beten sein kann.

Wärst da nur du

Wärst da nur du – nur lauter Himmel und nicht Erde
Mein guter Gott, bei dem ich leicht und heiter werde
Wärst da nur du – da wärn statt Wolken lauter Geigen
Ich ließ mir gern von dir die Ewigkeiten zeigen

Wärst da nur du – ich ließe alles stehn und liegen
Würd ohne Angst und ohne Zögern zu dir fliegen
Wärst da nur du – ich würd mich nach der Stille sehnen
Und mein Gebet nicht mehr verkürzen, sondern dehnen

Doch ist da auch – der, dem ich aus dem Wege gehe
Und dem ich nicht so gerne in die Augen sehe
Ich treffe mich. So wenig Himmel, so viel Erde
Und so viel Nacht, von der ich stumm gefesselt werde

Ich treffe mich. Und alle Zweifel, alle Sorgen
Und alle Schuld und alle Ängste vor dem Morgen
Ich treffe mich und all die Schatten auf der Seele
Mein müdes Herz und dieser Kloß in meiner Kehle

Doch neben dir müssen die Dunkelheiten weichen
Du willst das Grau in den Erinnerungen bleichen
Kann das denn sein? Du läufst nicht weg vor meinen Fragen
Und ich darf, was ich kaum zu denken wage, sagen

Du schaust mich an, und Eis und Schnee beginnt zu tauen
Kann dir und mir so wieder in die Augen schauen
Ziehst bei mir ein mit deinem Mut und deiner Liebe
Weiß keinen Ort, wo ich auf ewig lieber bliebe

Da bist nur du – nur lauter Himmel und nicht Erde
Mein guter Gott, bei dem ich leicht und heiter werde
Da bist nur du – da sind statt Wolken lauter Geigen
Ich lass mir gern von dir die Ewigkeiten zeigen

Da bist nur du – ich lasse alles stehn und liegen
Werd ohne Angst und ohne Zögern zu dir fliegen
Da bist nur du – ich darf mich nach der Stille sehnen
Und mein Gebet nicht mehr verkürzen sondern dehnen*

Mit Gott

das Abenteuer Kommunikation wagen

Warum ich mich selbst verstehen muss, wenn ich andere verstehen will

In jeder Form von Kommunikation geht es immer auch um die Frage, wer ich eigentlich bin. Egal, wer mein Gegenüber ist, ein Mensch oder Gott. Denn wie ich die Wörter und Sätze anderer aufnehme, auffasse, verstehe, hat nicht zuletzt etwas damit zu tun, wie ich „ticke". Wie ich denke, fühle, reagiere. Jedes Wort, das ich höre, fällt auf den Resonanzboden meiner eigenen Persönlichkeit. Assoziiert Gedanken und Gefühle, Bilder und Erinnerungen, an die mein Gegenüber vermutlich so gar nicht gedacht hat.

Natürlich spielt auch meine momentane Stimmungslage eine wichtige Rolle. Ist in mir alles grau in grau, reagiere ich erheblich empfindlicher auf alles, was mir andere zuraunen, als wenn ich mit mir und der Welt im Reinen bin.

Wer bin ich? Diese Frage muss ich mir stellen. Nicht nur einmal, sondern immer wieder. Wer bin ich jetzt, in diesem Moment? Wer bin ich überhaupt? Ich stelle mir diese Frage, wenn ich mit mir allein bin. Oder mit Gott. Oder mit einem guten Freund, einer guten Freundin.

Was macht mich aus? Was hat mich geprägt? Was kann ich gut? Was überhaupt nicht? Was macht mich glücklich? Was macht mich wütend? Was treibt mich in die Verzweiflung? Was begeistert mich? Welche Geschichten liebe ich? Welche machen mir Angst? Was sind die prägenden Erfahrungen meines Lebens? Welche Bilder bestimmen meine Fantasie? Wie haben meine Eltern früher mit mir geredet? Meine Großeltern? Wie meine Geschwister und Freunde? Was hat das mit mir gemacht, wenn mich ein Lehrer an die Tafel gebeten hat? Bin ich häufig gelobt worden oder wurde ich meist ausgeschimpft?

Vielleicht höre ich heute meinen strengen Vater, wenn mir mein Chef einen Auftrag erteilt. Vielleicht habe ich vor wichtigen Gesprächen diese unbestimmte Angst, die mir die Kehle zuschnürt. Und es ist wieder wie damals an der Tafel, wenn ich vor anderen etwas erzählen sollte. Vielleicht steht meine ältere Schwester tadelnd vor mir, wenn mich ein Kollege kritisiert.

Eine ältere Frau erzählte mir einmal, ihr Vater habe so gar nichts von ihr gehalten. Immer hieß es: „Ach du. Du schaffst das doch sowieso wieder nicht! Was haben wir nur falsch gemacht, dass wir so eine Tochter bekommen haben!" Diese Sätze haben ihr Selbstbild entscheidend geprägt.

Noch heute hört sie zuweilen ihren Vater, sagt sie. Seine Stimme haust tief in ihrer Erinnerung. Und sie reagiert ausgesprochen irritiert, wenn nicht überschwänglich gelobt wird, was sie gesagt oder getan hat. Vor Jahren hat sie mein Lied „Du bist du" zum ersten Mal gehört. Mit den Zeilen bringt sie seitdem den harten Vater in ihrer Seele zum Schweigen. „Ich halte ihm das vor die Nase!", sagt sie. „Und Vater muss schweigen."

„Du bist gewollt! Kein Kind des Zufalls, keine Laune der Natur!
Ganz egal, ob du dein Lebenslied in Moll singst oder Dur.
Du bist ein Gedanke Gottes, ein genialer noch dazu!
Du bist du, das ist der Clou!"

Ich muss immer wieder prüfen, ob das „Echo“, das im Resonanzkörper meiner Seele klingt, dem Ton, der es hervorgerufen hat, überhaupt angemessen ist. Vielleicht ist er nur durch meine traumatischen Erinnerungen so sehr verstärkt worden, dass er mich verletzen konnte. Und diese Erinnerungsspuren sind möglicherweise auf andere, noch ältere Erinnerungen gestoßen ...

Dabei dürfen wir nie vergessen: Erinnerungen sind niemals objektive Datenbestände, die auf einem neutralen Datenträger aufgezeichnet worden sind.

In einer Fachzeitschrift fand ich den ernüchternden Satz:

„Erinnerungen sind Konstrukte aus selektiven Wahrnehmungen, Deutungen und Erfundenem.“

Also: Vorsicht vor den scheinbar objektiven Erinnerungen in meinem Kopf und in meiner Seele!

Was auch andersherum gilt. Der Philosoph Friedrich Nietzsche hat das einmal in unerbittlicher Schärfe so formuliert:

„Das habe ich getan, sagt mein Gedächtnis. Das kann ich nicht getan haben, sagt mein Stolz. Und endlich gibt mein Gedächtnis nach.“

Wer bin ich?

In den Augen Gottes bin ich unendlich wert geachtet. Ich bin ihm seine ganze Liebe wert. Ich bin ihm seinen Sohn wert. Wenn ich dieses Geschenk akzeptiere, bin ich sein Kind. Gehöre ich zu seiner Familie. Habe ich eine ewige Heimat bei ihm. Eine Heimat, aus der ich nicht mehr vertrieben werden kann. Eine Heimat, die nicht einmal der Tod zerstören kann.

In den Augen der anderen aber bin ich meist nicht mehr als ein Kollege, ein anderes Gemeindemitglied, ein Wähler, ein Konsument, ein Steuerzahler, ein Konkurrent, ein unaufmerksamer Autofahrer, ein lästiger Fußgänger.

Es sei denn, ein anderer lässt sich ganz und gar auf mich ein. Gibt mir Heimat, weil er mich liebt. Und dies ist und bleibt ein Geheimnis.

Wer bin ich in meinen eigenen Augen? Das wechselt.

Dietrich Bonhoeffer hat 1944 während seiner Haft im Militärgefängnis Berlin-Tegel intensiv auch immer wieder über diese Frage nachgedacht. Nachdenken müssen. Das folgende Gedicht ist dafür ein eindrucksvolles Zeugnis. Er hat es einem Brief an seinen Freund Eberhard Bethge beigelegt:

Wer bin ich? Sie sagen mir oft,
ich träte aus meiner Zelle
gelassen und heiter und fest
wie ein Gutsherr aus seinem Schloss.

Wer bin ich? Sie sagen mir oft,
ich spräche mit meinen Bewachern
frei und freundlich und klar,
als hätte ich zu gebieten.

Wer bin ich? Sie sagen mir auch,
ich trüge die Tage des Unglücks
gleichmütig, lächelnd und stolz,
wie einer, der Siegen gewohnt ist.

Bin ich das wirklich, was andere von mir sagen?
Oder bin ich nur das, was ich selbst von mir weiß?

Unruhig, sehnsüchtig, krank, wie ein Vogel im Käfig,
ringend nach Lebensatem, als würgte mir einer die Kehle,
hungernd nach Farben, nach Blumen, nach Vogelstimmen,
dürstend nach guten Worten, nach menschlicher Nähe,
zitternd vor Zorn über Willkür und kleinlichste Kränkung,
umgetrieben vom Warten auf große Dinge,
ohnmächtig bangend um Freunde in endloser Ferne,
müde und leer zum Beten, zum Denken, zum Schaffen,
matt und bereit, von allem Abschied zu nehmen?

Wer bin ich? Der oder jener?
Bin ich denn heute dieser und morgen ein andrer?
Bin ich beides zugleich? Vor Menschen ein Heuchler und vor mir selbst ein verächtlich wehleidiger Schwächling?
Oder gleicht, was in mir noch ist, dem geschlagenen Heer,
das in Unordnung weicht vor schon gewonnenem Sieg?

Wer bin ich? Einsames Fragen treibt mit mir Spott.
*Wer ich auch bin, Du kennst mich, Dein bin ich, o Gott!**

Was für ein Trost! Einer kennt mich! Und das ist der, der mich bedingungslos liebt. Den will ich immer wieder fragen, wer ich wirklich bin. Wer ich in *seinen* Augen bin. Mit dem will ich sogar in die Untiefen meiner Persönlichkeit hinabsteigen. Dem will ich auch den Zugang zum innersten Raum meiner Seele gestatten. Der darf dort Licht machen. Aufräumen. Reparieren, heilen. Der darf Schuld vergeben. Der darf es, weil nur er es kann.

---

* aus: Dietrich Bonhoeffer: Widerstand und Ergebung. © 1998, Gütersloher Verlagshaus, Gütersloh, in der Verlagsgruppe Random House GmbH.

Wer das erfährt, immer wieder, geht mit seinen Mitmenschen anders um. Freundlicher. Nachsichtiger.

Machen Sie sich mit auf den Weg? Das ist kein Spazierweg, ich weiß, aber es lohnt sich.

Wer andere verstehen will, muss es wagen, sich selbst verstehen zu lernen.

Und:

Wer die Barmherzigkeit Gottes genossen hat, ist auch mit anderen barmherzig.

Gott – der geniale Kommunikator

Das hebräische Wort für Gott heißt „Elohim". Das ist eine Plural-Form. Merkwürdig und geheimnisvoll. Gott im Plural. Entsprechend heißt es in der Schöpfungsgeschichte: „Und Gott sprach: Lasst uns Menschen machen!" (1. Mose 1,26).

War Gott nicht allein? Oder klingt hier bereits das Geheimnis der Dreieinigkeit an? Jedenfalls schreibt Paulus im ersten Brief an die Christen in Kolossä:

„Christus ist das Ebenbild des unsichtbaren Gottes,
der Erstgeborene vor aller Schöpfung.
Denn in ihm ist alles geschaffen,
was im Himmel und auf Erden ist ...
es ist alles durch ihn und zu ihm geschaffen."

Kolosser 1,15–16

Ich sehe die berühmte Dreifaltigkeits-Ikone des genialen russischen Künstlers Andrei Rubljow (1360–1430) vor mir: drei Engel, die einander liebevoll zugewandt sind, im permanenten Gespräch miteinander. Drei Engel? Oder der dreimaleine Gott? Oder beides zugleich?

Das Bild jedenfalls legt einen spannenden Gedanken nahe: Gott kommuniziert. Schon immer. Mehr noch: Gott ist Kommunikation. Schon immer. Verständnisvolle, liebevolle Kommunikation. Aber er kommuniziert nicht nur mit sich selbst, er kommuniziert auch mit seiner Schöpfung, mit seinen Menschen. Verständnisvoll. Liebevoll.

Das schildern schon die ersten Seiten der Bibel. Adam und Eva verstecken sich vor Gott, weil sie wissen, dass sie gegen seine Grundregel verstoßen haben. „Sündenfall" nennt das die kirchliche Tradition. Sie wissen, was ihnen blüht: Der Verlust der paradiesischen Heimat. Aber Gott wendet sich nicht verletzt und beleidigt ab. Gott macht sich auf die Suche. Schaut hinter jeden Baum, unter jeden Busch: „Adam, wo bist du?"

Vor einigen Jahren hat das ein englischer Schauspieler eindrucksvoll dargestellt: Nigel Goodwin, viele Jahre Leiter der „Arts Centre Group", einer Vereinigung von Christen, die künstlerisch tätig sind. Sein „Adam!" gellt mir bis heute in den Ohren. Und seine lockend ausgestreckten Arme sehe ich noch immer vor mir, Arme, in denen ich immer deutlicher die ausgestreckten Arme von Jesus am Kreuz erkenne. So sucht Gott. So engagiert. So nachhaltig.

Gott will uns sagen und zeigen, wie wichtig wir für ihn sind. Gott will uns zurücklocken in die himmlische Heimat. Dafür begibt er sich auf Augenhöhe mit uns. Wird einer von uns. Beugt sich zu uns herab, wie sich Erwachsene zu Kindern beugen, wenn sie ihnen zuhören oder etwas Wichtiges sagen wollen.

Gott braucht keinen Übersetzer. Wenn er mit Menschen redet, fragen die nicht anschließend verwirrt: „Was hat er gesagt?" Gott kommuniziert punktgenau. Situationsgenau. Menschengenau.

Rudolf Kinau, ein plattdeutscher Schriftsteller aus Finkenwerder, hat das einmal in einem köstlichen Gedicht unübertrefflich formuliert:

Bi uns hier

Dat hett uns' Mudder mi vertillt,
un Vadder wüß dat ok:
Uns' Herrgoott kinnt de ganze Wilt
Un is allmächtig klook.

Keen Sprok, de he ne gliek versteiht,
keen Bede un keen Leed,
wenn blooß mol een den Mund updeit,
denn wet he gliek Bescheed.

He kummt mit all de Minschen trecht,
mit Witt un Gel un Swatt, –
un wenn he hier bi uns wat segt,
*mit uns hier snackt he platt.**

Muss man's übersetzen? Okay!

Das hat mir unsere Mutter erzählt,
und Vater hat das auch gewusst:
Unser Herrgott kennt die ganze Welt
und ist allmächtig klug.

Keine Sprache, die er nicht gleich versteht,
kein Beten und kein Lied.
Wenn bloß mal einer den Mund aufmacht,
dann weiß er gleich Bescheid.

---

* Gedicht „Bi uns hier" aus: Rudolf Kinau: Up Finkwarder tohus, Quickborn-Verlag, Hamburg 1976.

Er kommt mit all den Menschen zurecht,
mit Gelben und Weißen und Schwarzen, –
und wenn er hier bei uns was sagt,
mit uns hier spricht er Platt.

Aber keine Sorge. Er spricht auch schwäbisch, sächsisch und oberbayrisch. Er spricht meine Sprache. Immer wieder meine Sprache. Egal, wer und wo ich gerade bin.

Kommunizieren lernt, wer bei Gott in die Schule geht. Er ist der Erfinder und der Meister der Kommunikation.

Er hört zu. Er liebt. Er sagt Wichtiges. Das Wichtigste überhaupt: Du bist mein auf ewig geliebtes Kind! Und ich verstehe. Mit dem Kopf und mit dem Herzen. Denn ich weiß: Ich bin gemeint.

Und ich darf ihm erzählen, wie mir's ums Herz ist. Darf meine Fragen und Sorgen vor ihm ausbreiten. Darf ihm meine Wunden und Narben zeigen. Ihm meine Schuld vor die Füße kippen. Und ich weiß, er versteht. Besser, als ich mich selbst verstehe. Besser, als mich der Mensch versteht, der mir am nächsten steht.

Und danach kann ich nicht nur mir wieder in die Augen schauen, sondern auch den Menschen, mit denen ich mein Leben teile.

Ich hab einen Freund

Er ist immer für mich da,
er geht mit mir, Jahr für Jahr,
und er bleibt an meiner Seite,
ob es regnet, oder ob die Sonne scheint.
Er hört meinen Liedern zu,
manchmal sagt er was dazu.
Und er weiß, dass jede Zeile
ihn, und was er mir bedeutet, meint.

Ich hab einen Freund.
Jesus ist mein Freund.

Er macht meine Nacht zum Tag,
tut, was niemand sonst vermag:
Er trägt mit mir meine Sorgen,
wenn das Dunkel mich gefangen hält.
Er teilt mit mir jede Not,
er erträgt für mich den Spott,
hilft mir wieder auf die Beine,
wenn ich verzweifle an der ganzen Welt.

Ich hab einen Freund.
Jesus ist mein Freund.

Wie Jesus mit Menschen kommuniziert

Da kommt ein reicher Mann zu Jesus. Ein „reicher Jüngling“, wie Luther ihn in seiner Bibelübersetzung genannt hat. Der sucht das Gespräch. Ob er mehr sucht? Jesus jedenfalls lässt sich auf ihn ein. Und dann notiert der Evangelist Markus:

„... und Jesus sah ihn an und gewann ihn lieb und sprach ...“

Markus 17,21

Für mich enthalten diese Worte das Geheimnis der Kommunikation von Jesus. Vielleicht das Geheimnis jeder guten Kommunikation.

Jesus sieht hin. Jesus sieht sein Gegenüber an.

Blickkontakt ist der vielleicht tiefste Kontakt zwischen zwei Menschen.

Unsere älteste Enkelin kam als Frühchen auf die Welt. Dadurch ist ihre Sehkraft massiv eingeschränkt. Was in der Regel dazu führt, dass sie den nicht ansieht, mit dem sie spricht. Wozu sollte sie auch! Sie sieht ihn ohnehin nicht wirklich scharf. Sie hat keinen Blick, mit dem sie den Blick des Gegenübers finden kann. Die Folge: Unsere Gespräche sind beinahe wie Gespräche am Telefon.

Klar, sie hat längst andere Möglichkeiten der Kontaktaufnahme entwickelt. Aber der Blickkontakt ist kaum zu ersetzen. Höchstens durch Berührung.

Zuweilen lasse ich mir das Buch eines berühmten Autors signieren. Warte geduldig in einer Schlange mit 48 anderen, bis ich dran bin. Seine Unterschrift in meinem Buch ist mir das wert. Buch um Buch wird dem Autor unter den Kugelschreiber geschoben. Er schreibt und schreibt, schiebt das jeweils signierte Exemplar zur Seite und greift sich das nächste. Ich nehme mein Buch, stecke es in die Tasche und gehe nach Hause. Dort zeige ich es den anderen stolz, als wäre es eine Jagdtrophäe. Bis jemand fragt: „Wie isser denn so?" Da muss ich plötzlich gestehen, dass ich das nicht weiß. Ich hatte keinen wirklichen Kontakt mit ihm. Er hat mich nicht mal angesehen.

Jesus nimmt Blickkontakt auf.

Jesus nimmt den Gesprächsfaden auf.

Jesus beginnt eine Beziehung.

Alles beginnt mit dem Hinsehen. Wie oft sehe ich an meinem Gegenüber vorbei! Wie oft sehe ich durch mein Gegenüber hindurch! Wie oft rede ich dadurch an ihm vorbei! Unsere Gespräche werden anders, wenn wir hinsehen. Persönlicher. Tiefer.

Das kostet Zeit, klar. Und es kostet Energie. Aber Zeitsparen und Energiesparen ergeben an dieser Stelle keinen Sinn. Im Gegenteil: Es produziert oberflächliche und unverbindliche Scheinbeziehungen. Und Missverständnisse am Fließband.

Hinsehen. So kommuniziert Jesus bis heute. Mit uns. Mit mir. Er sieht mich an. Er schaut mir tief in die Augen. Liebend und verstehend. Liebevoll und verständnisvoll. Er sieht mich in meiner Begeisterung und in meiner Verzweiflung. In meiner Einsamkeit und im hektischen Alltag. Er sieht, was da so alles auf mich einströmt. Er sieht, was ich auf andere einströmen lasse. Er sieht meine Fragen, meine Sorgen, meine Sünden. Er sieht meine Träume und meine Sehnsüchte. Er lässt sich von meinem Gesichtsausdruck nicht täuschen. Und auch nicht durch fromme oder unfromme Worte. Er sieht mich, wie ich bin. Ich kann ihm nichts vormachen, ich muss ihm nichts vormachen.

Er sieht

mich.

Uuups.

Der nächste Satz aber, den Markus notiert, nimmt mir den Schrecken, der mir schon in die Glieder fahren will. Jesus gewinnt den reichen jungen Mann lieb.

Ist das zu glauben? Wir haben doch beständig Angst davor, dass einer hinter unsere Fassaden blicken könnte. Angst, weil wir ahnen: Dann ist es aus mit seiner Sympathie. Mit seiner Liebe.

Menschen enttäuschen einander. Wenn einer entdeckt, dass bei einem anderen Außen und Innen nicht übereinstimmen, wendet er sich in aller Regel ab. „Das hätte ich von dir nicht gedacht!"

Aber Jesus wendet sich zu.

Jesus gewinnt einen Menschen nicht nur lieb, obwohl er ihn angesehen hat, sondern *weil* er ihn angesehen hat. Jesus ist nie enttäuscht von mir, weil er sich nie in mir getäuscht hat. Für Jesus gibt es kein Außen, das das Innen verdeckt. Für Jesus ist Außen und Innen eins.

Jesus gewinnt mich lieb. Immer wieder. Aus dieser Liebe kann mich niemand wieder hinausschubsen. Weil Jesus alles, was nicht okay ist in mir, was ich vor Gott und Menschen verstecke, auf die eigene Kappe nimmt, sich auf die eigenen Schultern packen lässt. Da ist nichts zwischen ihm und mir als Liebe.

Da war nichts zwischen ihm und dem reichen jungen Mann als Liebe.

Kann ich das auch? Kann ich so mit anderen Menschen umgehen, wie Jesus es getan hat? Nein! Denn ich bin nicht er. Ich bin nicht Gottes Liebe in Person. Oder vielleicht manchmal doch – wenn ich von ihm komme. Wenn ich seinen liebevollen Blick in mir trage. Wenn seine Liebe in mir wohnt.

So geht's! Nur so geht's.

Der österreichische Schriftsteller, Fernsehjournalist, Drehbuchautor, Regisseur und Dokumentarfilmer Georg Stefan Troller hat einmal in dem Buch „Schreiben für den Tag" einen bemerkenswerten Ehrenkodex für Journalisten zu Papier gebracht. Darin heißt es:

„Er muss sich für alles interessieren können, und zwar nicht nur mit dem Kopf, sondern auch mit dem Herzen. Er muss nicht alles verstehen, aber für alles Verständnis haben. Er muss nicht immer die richtigen Antworten wissen, aber immer die richtigen Fragen. Er muss sich in jeden anderen Menschen hineinversetzen können. Er muss die Gabe haben, jede Meinung, und sei es die abstoßendste, zu begreifen. Er muss schnell urteilen, aber langsam verurteilen. Sein Verstand gehört dem Vollkommenen, aber sein Herz dem Unvollkommenen." *

---

* Lang, Alfred R.: Schreiben für den Tag. Der Journalist und sein Arbeitsbereich. Düsseldorf 1976.

Was für Journalisten gilt, gelten sollte, gilt erst recht für Menschen, die sich zu Jesus Christus bekennen.

Der schaut erst hin. Immer. Der gewinnt Menschen lieb. Immer. Und der sagt erst dann etwas. Kein Wunder, dass sich Jesu Zeitgenossen beständig gewundert haben. Er war anders. Er verhielt sich anders. Er redete anders. Jesus ist der große Kommunikator. Kein Wunder, denn er ist Gott. Und Gott ist Kommunikation.

Das ist das Kommunikationsgeheimnis von Jesus:

Erst hinschauen.
Dann lieb gewinnen.
Und erst dann sprechen.

Ich will bei ihm in die Schule gehen. Er ist heute auch noch der große Hingucker. Der große Hinhörer. Er hört zu, zu jeder Tages- und Nachtzeit. Er sieht hin. Er ist der große Liebhaber. Und er will uns zu Hinguckern und Hinhörern machen. Und zu Liebhabern. Zu Liebhabern des Lebens und der Menschen.

Und zu Menschen, die wirklich etwas zu sagen haben.

Wenn du schweigst

Wenn du schweigst, Herr, will ich schweigen.
Ich will reden, wenn du sprichst.

Ich will nicht mit den Wölfen heulen,
nicht sagen, was man halt so sagt.
Will, was du sagen würdest, teilen
und schweigen, wenn man dich nicht fragt.

Ich will nicht mit der Masse klagen,
nicht herziehn über Freund und Feind.
Will Worte des Erbarmens sagen,
damit das Licht im Dunkel scheint.

Ich will nicht mit der Mehrheit schweigen,
nicht weghörn, wenn ein andrer schreit.
Ich möchte deine Liebe zeigen
mit Worten aus der Ewigkeit.

Wenn du schweigst, Herr, will ich schweigen.
Ich will reden, wenn du sprichst.

Der himmlische Ohrenöffner und Zungenlöser

Markus erzählt in seinem Evangelium von einer besonderen himmlischen Therapie, die die Kommunikationsfähigkeit eines extrem kommunikationsgestörten Menschen wiederhergestellt hat.

Daraufhin verließ Jesus die Gegend um Tyrus, besuchte zunächst Sidon, um dann in einer weiten Wanderung auf die andere Seite des Galiläischen Sees zu gelangen. Dort im Gebiet der Zehn Städte brachten einige Leute einen Mann zu ihm, der weder hören noch sprechen konnte, und sie baten Jesus, seine heilende Hand auf ihn zu legen. Er nahm den Mann beiseite, steckte seine Finger in die Ohren des Taubstummen und strich etwas Speichel auf dessen Zunge. Dann schaute Jesus im Gebet nach oben, seufzte tief und befahl: „Effata! – Öffne dich!" Und es passierte tatsächlich. Der Taubstumme konnte plötzlich hören und zur Verwunderung aller auch völlig richtig sprechen. Jesus drängte die Leute, das Geschehene für sich zu behalten, aber sie redeten nur noch mehr davon. Sie waren einfach außer sich vor Begeisterung. „Es ist unglaublich, was dieser Mann alles fertigbringt. Er gibt den Tauben das Gehör zurück und den Stummen ihre Sprache."

Markus 7,31–37; WD

Er war kein Sender und er war kein Empfänger. Er war kein Sender, weil er kein Empfänger war. Er konnte nicht hören und darum nicht sprechen. „Taubstumme" gibt es eigentlich nicht. Menschen sind stumm, weil sie taub sind. Haben nie Wörter gehört, die sie nachsprechen konnten. Und hören die eigenen Laute nicht, die sie von sich geben. Taubstumme sind meist „nur" gehörlos. Aber wer nicht hört, kann eben auch nicht sprechen.

Gehörlos und – heimatlos. Denn wer nicht hört, gehört nirgends wirklich hin. Und wer nicht spricht, hat keine Muttersprache und damit im Grunde keine wirkliche Heimat.

Gibt es Hilfe?

Jesus ist im Gebiet der Zehn Städte unterwegs, in „heidnischem Gebiet" also. Vorher hat er eine syrophönizische Frau geheilt, anschließend 4000 Menschen satt gemacht. Die Speisung der 5000 hatte auf jüdischem Gebiet stattgefunden, die andere Speisung geschah auf heidnischem Boden. Weil Jesus für alle da ist, weil seine Liebe allen Menschen gilt.

Auch diesem hoffnungslos taubstummen, diesem kommunikationslosen Menschen.

Schauen wir an, was Jesus mit ihm und für ihn tut. Und lassen wir ihn immer wieder dasselbe auch mit uns und für uns tun.

Das erste: Jesus nimmt ihn besonders, er nimmt ihn beiseite.

Jesus ist kein Massenprediger, kein Massenheiler. Zumindest nicht nur. Jesus kümmert sich um einzelne. Um Sie. Um mich. Darum nimmt er uns immer wieder mal beiseite. Die anderen geht nicht an, was er uns zu sagen hat, auf welche wunden Stellen unseres Lebens er seine Hand legt.

Manchmal nimmt er uns beiseite, weil wir ihn darum gebeten haben: Hast du mal Zeit für mich? In einem Gebet. In besonderen Zeiten der Stille. Er ist dann ganz für uns da. Hört uns. Sieht uns. Wir dürfen unser Herz vor ihm ausschütten. Oder einfach nur da sein vor ihm, zur Ruhe kommen, lauschen.

Manchmal nimmt er uns aber auch beiseite, ohne dass wir ihn darum gebeten haben. Dann bittet er uns: Hast du mal Zeit für mich? Das können Krankheitszeiten sein, Zeiten der Arbeitslosigkeit, unfreiwillige Auszeiten.

Solche Begegnungen sind immer besondere Angebote Gottes: Wir können innehalten auf unserem Weg. Die Grundlagen des Lebens hinterfragen und überprüfen. Gewöhnungen und Gewohnheiten abklopfen. Und Beziehungen. Träume und Sehnsüchte. Ziele und Perspektiven. Und den Glauben.

So vieles hat sich eingeschliffen. So vieles ist so selbstverständlich geworden. So vieles nehmen wir nicht mehr wahr. Uns selbst nicht, die Menschen nicht, Gott nicht.

Immer, wenn uns Jesus beiseite nimmt, werden wir verändert.

Und dann das zweite: Jesus steckt dem Gehörlosen die Finger in die Ohren.

Das heißt wohl: Er legt die Finger auf unsere Wunden, unsere Narben. Er berührt uns da, wo's wehtut. Wo die wirklichen Probleme stecken.

Wie gut, dass Jesus davor nicht zurückschreckt.

Ich erinnere mich an meinen ersten Besuch in einem Lepradorf. Im Süden Indiens war das, in einer Einrichtung der Missionsgesellschaft „Wort und Tat". Ein paar Nächte vorher schon hatte ich nicht gut geschlafen. Hatte in Albträumen verstümmelte Arme, Beine und Gesichter gesehen. Und mich gegruselt.

Dann waren wir da. Die Leprakranken bildeten ein buntes, strahlendes Begrüßungskomittee. Einige wollten uns berühren. Wir hatten längst gelernt, dass Lepra in diesem Stadium nicht ansteckend ist. Trotzdem mussten wir uns überwinden. Irgendwann ließen wir es zu. Und verloren die Scheu.

Kranke berühren kostet Überwindung. Uns. Jesus nicht. Entstellte Menschen berühren kann eklig sein.

Wie gut, dass er uns berührt. Dass er sich nicht erschrocken abwendet, wenn er uns näher betrachtet.

Was ist das bei mir, das er berühren möchte? Vielleicht Narben, die ich vor mir und anderen verstecke. Vielleicht tiefe Verletzungen, an die ich niemanden lasse. Auch Jesus nicht. Vielleicht ist es meine innere Heimatlosigkeit. Meine Sprachlosigkeit angesichts des unsagbaren Elends im eigenen Leben oder im Leben anderer.

Jesus scheut nicht davor zurück. Er will heilen und er kann heilen.

Aber vielleicht bedeutet es ja auch noch etwas anderes, wenn Jesus seinen Finger in die Ohren des Gehörlosen steckt. Vielleicht bedeutet diese Geste auch: Bald wirst du hören, tausende Stimmen wirst du hören. Hör nicht auf alle! Lass dich nicht verrückt machen! Hör vor allem auf meine Stimme. Auf die Stimme deines guten Hirten, der dir Heimat geben will. Du sollst meine Stimme von allen anderen Stimmen unterscheiden können. Du sollst nicht einfach nur wieder hören können, du sollst mehr hören können als die anderen!

„Schma Israel“, höre Israel, so beginnt das alte Glaubensbekenntnis der Juden. Höre! Höre auf Gott. Höre auf das Leben. „Alle Morgen weckt er mir das Ohr, dass ich höre wie Jünger hören“, bekennt später der Prophet Jesaja (Kapitel 50,4).

Die dritte Heilungsgeste von Jesus ist besonders gewöhnungsbedürftig, finde ich. Er berührt die Zunge des Gehörlosen mit Speichel.

Das ist eine schier unglaublich intime Berührung, die nur in einer intimen Beziehung Platz hat. Sie ist wie ein Kuss.

Die kleine süße Anna sagt einmal in dem herrlich schrägen Roman „Hallo Mr Gott! Hier spricht Anna!“ zu ihrem Freund Fynn: „Weißt du, was der Unterschied ist zwischen Gott und einem Mensch? Ein Mensch kann nur von außen küssen. Mr Gott kann von innen küssen!“

Ein Kuss von innen.

Die Geste will dem Sprachlosen aber vielleicht auch sagen: Deine Zunge soll später nicht irgendwas reden, sie soll meine Worte sagen. Worte, die trösten, die es hell machen in der Welt, die Hoffnung wecken. Andere Worte gibt es schon mehr als genug.

Vielleicht ist das sogar eine Berufung zum Verkündigungsdienst. Wie bei Jeremia. Gott berührte auch seinen Mund: „Und der Herr streckte seine Hand aus und rührte meinen Mund an und sprach zu mir: Siehe, ich lege meine Worte in deinen Mund“ (Jeremia 1,9).

Wenn Jesus die Zunge berührt, wenn er sie küsst und damit löst, dann werden aus Sprachlosen und mittelmäßigen Rednern überzeugende Zeugen der Liebe Gottes.

Umgekehrt ist man vielleicht nur dann ein überzeugender Zeuge, wenn man diese besondere Art der Berufung erlebt hat.

Und dann der vierte Heilungsakt: Jesus blickt zum Himmel.

Er tut nicht einfach „ein Wunder“. Er blickt zum Himmel und nimmt vielleicht den Blick des Gehörlosen mit. Wirklich heil wird einer nämlich nur, wenn die Verbindung zu Gott wiederhergestellt ist. Das macht Jesus in vielen Geschichten deutlich.

Er zeigt so aber möglicherweise auch, dass es darauf ankommt, von mir und meinen Wehwehchen, von mir und meinen Befindlichkeiten und Empfindlichkeiten, von mir und meinen Grenzen, meinen Unmöglichkeiten wegzublicken und Gottes Möglichkeiten in den Blick zu nehmen.

Darauf nämlich kommt es immer wieder an:

Wegblicken von meinen Sorgen und Ängsten und Gottes Fürsorge in den Blick nehmen. Wegblicken von meinen Schätzen und Gottes ewige Herrlichkeit in den Blick nehmen.

Die Geschichte der Radiomissionsgesellschaft TWR, ein Partner von ERF Medien, illustriert das auf besonders eindrückliche Weise: Da schließt ein kleiner, unbedeutender amerikanischer Missionar einen Vertrag mit dem großen, bedeutungsvollen Radio Monte Carlo, um christliche Sendungen über neu zu errichtende Kurzwellensender nach Europa auszustrahlen. Er muss dafür eine unmögliche Summe zahlen und bekommt schier unmögliche Vertragsbedingungen aufgebrummt: 2,5 Millionen Mark sind dafür in vier Raten innerhalb eines Jahres zu zahlen. Dabei ist nicht mal das Geld für die erste Rate da. Und: Würde die Summe am Ende nicht zusammenkommen, wäre alles bis dahin eingezahlte Geld verloren.

Ein Schweizer Rechtsanwalt, der den Vertrag später prüft, ist entsetzt.

Doch das Geld kommt zusammen, manchmal buchstäblich in letzter Minute.

Das war 1959. Heute sendet TWR in über 200 Sprachen fast 2000 Stunden wöchentlich über mehr als vierzig große Sender, fünf Satelliten und viele nationale und regionale Sender. Und Menschen in aller Welt lernen Jesus kennen, finden eine himmlische Heimat mitten in der Welt.

In den letzten Tagen seines Lebens brabbelte mein Freed immer von einer Kreuzfahrt auf einem großen Schiff, auf das er viele Leute einladen wollte. „Er fantasiert. Es dauert nicht mehr lange!", entschuldigten ihn die Verwandten. Ich habe damals gedacht: Nein! Er fantasiert nicht. Im Gegenteil! Er beschreibt nur das Motiv seines Lebens. „Ein Schiff, das sich Gemeinde nennt, fährt auf dem Meer der Zeit ..." Ein Schiff Richtung Ewigkeit. Es legt in allen Häfen an. Und alle sind eingeladen, an Bord zu kommen. Alle. Ein riesiges Schiff, groß genug für die Welt. Die „MS Paul Freed".

Jesus blickt zum Himmel und wir lernen eine besondere Lektion: Blick weg von deinen Unmöglichkeiten. Wenn du dich auf Gott einlässt, kannst du dich auf etwas gefasst machen.

Dann seufzt Jesus. Geste Nummer fünf.

Er stöhnt, er strengt sich an. Er kümmert sich nicht nur mal so mit links um seine Leute. Die Erlösung war kein Freizeitspaß.

Später sehe ich ihn am Kreuz, die geballte Wucht der Menschheitsschuld auf den Schultern. Getrennt von Menschen, getrennt von Gott. Der lässt schon lange Zeit vorher den Propheten Jesaja sagen: „Mir hast du Arbeit gemacht mit deinen Sünden!" (Jesaja 43,24).

Jesus arbeitet auch jetzt. Für Sie. Für mich. Für uns. Und er betet für uns. Was für eine Perspektive!

Wenn Sie unter einem schweren Konflikt in der Familie leiden – tun Sie, was Sie können. Aber vergessen Sie vor allem nicht, dass Jesus mitkämpft, mitarbeitet für wirkliche Versöhnung

Wenn Sie darunter leiden, dass Ihre Kinder nicht glauben können oder wollen – beten Sie und vertrauen Sie, dass sich Jesus um Ihre Kinder sorgt, dass er um sie kämpft, mehr als sie das jemals könnten.

Wenn Sie vor einer schier unlösbaren Aufgabe in Ihrem Beruf stehen – denken Sie, arbeiten Sie und vertrauen Sie darauf, dass Jesus neben Ihnen am Schreibtisch sitzt und an der Lösung arbeitet. Mit Schweißperlen auf der Stirn.

Wenn Sie nicht fertig werden mit Ihrer Lebensgeschichte – arbeiten Sie auf, was aufzuarbeiten ist und vertrauen Sie darauf, dass Jesus an Ihrer Heilung arbeitet.

Und endlich sagt er: Heffata! Tu dich auf! Der sechste Akt dieses außergewöhnlichen Heilungsdramas.

Und das Ziel ist erreicht. Oder ein Etappenziel. Endlich sehen wir, dass sich alles gelohnt hat: Ich kann sehen, hören, sprechen. Vielleicht wieder sehen, wieder hören, wieder sprechen.

Und ich will ihm danken, dass er mich beiseite genommen hat, die Finger in die Ohren gesteckt, die Zunge mit Speichel berührt, zum Himmel geblickt und für mich gekämpft und gearbeitet hat. Und immer wieder neu offen werden für ihn:

Ich will meine Ohren öffnen und meine Zunge lösen lassen. Von Jesus.
Damit ich seine Liebe kommuniziere.

Die Bibel ins Gespräch bringen

Und wie kommuniziert man die Bibel? Wie bringt man das Wort Gottes ins Gespräch?

Wo könnte man besser über diese Frage nachdenken als auf der Wartburg! Dort hat Martin Luther das Neue Testament vom griechischen Original ins Deutsche übersetzt, in gerade mal 11 Wochen. Unglaublich.

Im September 1522 erschien die erste gedruckte Ausgabe, das „September-Testament". Denn im gesamten deutschen Sprachraum waren die Reformatoren davon überzeugt, dass die Bibel in die Hand von jedermann und jederfrau gehört. Und dass möglichst jeder verstehen können soll, was er da zu lesen bekommt. Denn „die Heilige Schrift ist das Höchste", so Luther. Sein Übersetzungsprinzip lautet: „Ich habe dem Volk aufs Maul geschaut".

Immer wieder ist die Bibel seitdem überarbeitet, „revidiert" worden. Die Lutherbibel das letzte Mal 1984. Übersetzungen werden hin und wieder aktualisiert, weil sich Sprache und Denke ständig verändern. Der verantwortliche Oberkirchenrat für „Luther 84" war einer unserer besonderen Gäste beim Wartburg-Gespräch zum Thema „Dem Volk aufs Maul geschaut" – Ernst Lippold.

An seiner Seite einer, der dem Volk seit ein paar Jahren ganz besonders intensiv aufs Maul schaut und der dieses Volk bei den Formulierungen sogar mitentscheiden lässt: Martin

Dreyer. Seine „Volxbibel", die 2005 zum ersten Mal erschienen ist, formuliert alte biblische Sätze zuweilen geradezu provozierend jugendlich.

Ein Beispiel: Mose bittet Gott – nach Luther: „Lass mich deine Herrlichkeit sehen!" Und Gott antwortet:

„Ich will vor deinem Angesicht meine ganze Güte vorüber gehen lassen und dir kundtun den Namen des Herrn: Wem ich gnädig bin, dem bin ich gnädig, und wessen ich mich erbarme, dessen erbarme ich mich."

2. Mose 33,19

In der Volxbibel liest sich das so:

*„Bitte, Gott, ich möchte einmal ein bisschen mehr von dir sehen! Ich möchte mal deine ganz krasse Seite erleben!" Worauf Gott antwortet: „Gut, ich werde das tun. Ich komme bei dir vorbei mit meiner ganz krassen Art, die echt hardcore und heftig ist. Dann werde ich dir auch meinen vollen Namen sagen. Ich tue das, weil ich das so will. Ich entscheide selbst, wen ich besonders mag. Das ist allein meine Sache."**

Warum schreibt Dreyer so? Wegen Mehmet. Nicht nur, klar, aber auch. Mehmet, ein Junge aus dem Jugendzentrum in Köln-Sülz, in dem Martin Dreyer ein paar Jahre gearbeitet hat. „Mehmet hätte Luther einfach nicht verstanden."

Ist Martin Dreyer ein neuer Luther? Das weist er strikt von sich. Die Lutherbibel ist auch für ihn nach wie vor das Maß aller Dinge. Seine Volxbibel sieht er vor allem als Einstiegsbuch

* Die Volxbibel – Neues Testament, Volxbibel-Verlag, Holzgerlingen 2005.

für junge Leute, die mit den Grundbegriffen des Glaubens einfach nichts mehr anfangen können.

Und Ernst Lippold, den man einmal den „Lordsiegelbewahrer der Lutherbibel“ genannt hat? Eigentlich wollte er heftig protestieren. Doch nun ist er begeistert. Nein, er wird ganz sicher nicht umsteigen von Luther auf Dreyer. Aber ihm imponiert das Anliegen. „Und theologisch ist alles richtig in Ihrer Bibel!“, attestiert er dem dreißig Jahre jüngeren Bibelübersetzer. „Nur ein bisschen mehr Respekt vor der Heiligkeit der heiligen Schrift“ hätte er sich zuweilen gewünscht.

Ich hatte eine heftige Kontroverse zwischen den beiden erwartet. Aber sie verstehen sich. Mögen sich. So sehr, dass der Ältere dem Jüngeren beim Abschied das „Du“ anbietet.

Während unseres Gesprächs fiel mir eine alte ägyptische Weisheit ein:

„Wenn ich doch nur Ausdrücke hätte, die nicht bekannt sind!
Worte, nicht geläufig, in neuer Sprache, ungebraucht,
die nicht wiederholen, was immer gesagt wurde,
nicht schal geworden, wie die,
die Menschen seit alters sprechen.“

Sätze eines Verliebten, zweifellos. Jeder, der Schmetterlinge oder Hubschrauber im Bauch fühlt, möchte seine Liebe auf eine ganz und gar neue und unverbrauchte Art zum Ausdruck bringen. Gut, man kann sich auch eine App mit Liebesgedichten runterladen. Aber das ist dann doch nur bestenfalls geliehene Originalität.

Sind wir verliebt in Gott? Oder ist das ein ganz und gar abenteuerlicher Gedanke? Sind wir verliebt in die Menschen, denen wir Tag für Tag begegnen? Wer in seinen Gebeten oder in Gesprächen über den Glauben nur Wörter und Sätze verwendet, die allzu starke Gebrauchsspuren aufweisen, weil sie schon millionenfach benutzt wurden, ist es sicherlich nicht.

„Einer muss sich plagen, der Autor oder der Leser", sagt der deutsche Sprachpapst Wolf Schneider. Gott jedenfalls plagt sich. Gibt sich Mühe. Sagt seinen Menschen auf immer neue Weise, wie sehr er sie liebt. Er ist ein Liebhaber des Lebens und der Menschen.

Auch hier können wir bei Gott lernen. Bei Jesus. Und bei Martin Luther. Wolf Schneider, der sich selbst als „fröhlichen Atheisten" bezeichnet, bewundert die Lutherbibel als Sprachkunstwerk:

> *„Einfache Wörter, schnörkellose Sätze, saftvolle Vergleiche. Das klingt simpel – und ist doch für den Sprecher das Schwerste und für den Zuhörer das Durchschlagendste auf der Welt."*

Und dann, man höre und staune, erteilt er folgenden Rat:

> *„Lesen Sie die Lutherbibel! – wer weiß, was aus Ihnen wird?"**

Vielleicht einer, der Gottes Barmherzigkeit glaubt? Bestimmt aber ein guter Kommunikator. Martin Luther hat dem Volk „aufs Maul geschaut". Und ins Herz. Wer mit anderen Menschen über den Glauben sprechen will, kommt einfacher nicht davon.

---

* Zitate aus einer Rede zur Eröffnung des 1. Mitteldeutschen Kirchentagskongresses in der Lutherdekade am 24.09.2010, die den Titel „Luthers Deutsch und unser Beitrag" trug.

Auch Paulus hat das geschrieben und gelebt. Seine Maxime „Den Juden ein Jude, den Griechen ein Grieche“ ist geradezu sprichwörtlich geworden.

Wer das Evangelium weitergeben möchte, muss sich auf Augenhöhe zu seinen Mitmenschen begeben. Ihre Gedanken denken, ihre Sprache sprechen, ihr Leben leben.

Genauso hat Gott das schließlich auch gemacht. Und bei ihm wie bei uns ist das schlicht eine Frage der Liebe.

Also, ihr lieben Mitchristen, die ihr so gern die Bibel ins Gespräch bringen möchtet: Ohne Liebe geht auch hier nichts. Gar nichts.

Wer die beste Nachricht der Welt unter die Leute bringen will, muss sich liebevoll in die Gedankenwelt seines Gegenübers begeben.

Etwas Festes braucht der Mensch

Etwas Festes braucht der Mensch:
einen Halt, der jedem Sturm widersteht,
der nicht wankt, wenn liebe Träume sterben.
Etwas Festes braucht der Mensch:
Worte, die ihn tragen durch die Nacht,
hoffen helfen, liegt seine Welt in Scherben.

Wer den Himmel verliert, ist heimatlos, hoffnungslos und
verloren.
Wer den Himmel gewinnt, hat ein Zuhaus. Gott ist Weg und
Ziel.

Etwas Festes braucht der Mensch:
einen Freund, der zuhört, wenn er klagt,
ihn nicht aufgibt, geht er sich selbst verloren.

Etwas Festes braucht der Mensch:
eine Hand, die ihn durch's Leben führt,
wärmt und tröstet, ist sein Mut erfroren.

Wer den Himmel verliert, ist heimatlos, hoffnungslos und
verloren.
Wer den Himmel gewinnt, hat ein Zuhaus. Gott ist Weg und
Ziel.

Schlusswort

Angekommen. Es geht los!

Nun sind wir angekommen. Und stehen doch ganz am Anfang. Kommunizieren lernen ist ein lebenslanger Prozess. Weil die Welt sich verändert. Weil wir uns verändern. Weil sich unsere Beziehungen verändern.

Es gibt keine Garantie dafür, dass wir uns zuweilen nicht doch wieder wie E. T. fühlen. Oder dass sich die anderen bei uns wie ein Außerirdischer vorkommen. Unverstanden und verständnislos.

Vielleicht sind Ihnen unterwegs ein paar Kronleuchter aufgegangen. Das wäre schön. Aber die Leuchtmittel unserer Kronleuchter haben halt eine begrenzte Halbwertzeit. Sind schneller ausgeglüht, als wir meinen. Dann muss man neue einschrauben. Und vielleicht wieder von vorn zu lesen beginnen. Zu lesen und zu leben.

Sie ahnen, dass es sich lohnt. Für die anderen. Und für Sie selbst. Für Ihre Beziehung zu Gott. Ja, sogar für die Gesellschaft, in der wir leben. Gut, dass wir nicht alleine sind in diesem Prozess. Der Meister der Kommunikation, Gott selbst, ist dabei, wenn wir es ihm gestatten.

Alles beginnt mit der Begegnung. Mit dem Gespräch. Ich will mich immer wieder neu auf solche Begegnungen einlassen. Mit den Menschen, mit Gott und – ja, mit mir selbst. Ich will mich von alten Bildern lösen und neue an mich heranlassen.

Das ist vor allem eine Frage der Liebe. Max Frisch, der bedeutende Schriftsteller aus der Schweiz, hat in seinem Tagebuch 1946–1949 geschrieben:

Du sollst dir kein Bildnis machen, heißt es, von Gott.
Es dürfte auch in diesem Sinne gelten: Gott als das
Lebendige in jedem Menschen, das, was nicht erfassbar ist.
Es ist eine Versündigung, die wir, so wie sie an uns
begangen wird, fast ohne Unterlass wieder begehen –
ausgenommen wenn wir lieben.

Und später noch deutlicher:

Unsere Meinung, dass wir das andere kennen,
*ist das Ende der Liebe.**

Dieses Thema zieht sich durch fast alle seine Bücher, Aufsätze und Theaterstücke.

Und es zieht sich durch die gesamte Bibel. Mach dir kein Bildnis! Leg Gott nicht fest auf deine Bilder von ihm. Leg andere Menschen nicht fest. Leg dich selbst nicht fest. Lass dich überraschen. Lass dich immer wieder neu ein auf .... Das ist Liebe.

Ohne Liebe funktioniert nichts in dieser Welt. Schon gar nicht Kommunikation. Der Apostel Paulus bringt es in seinem berühmten „Hohen Lied der Liebe“ so auf den Punkt:

Wenn ich mit Menschen- und mit Engelzungen redete und hätte die Liebe nicht, so wäre ich ein tönendes Erz oder eine klingende Schelle.

1. Korinther 1,1

---

* Max Frisch: Tagebuch 1946–1949, Frankfurt 1985, S. 27ff.

Das ist das eigentliche Geheimnis der Kommunikation. Liebe. Nicht mehr. Nicht weniger. So einfach ist das. Und so schwer ...

Nach Hause kommen. Verstanden werden. Verstehen. Lieben und geliebt werden. Der Urtraum der Menschen. Er kann Wirklichkeit werden, wenigstens ein bisschen. Dafür müssen wir uns plagen, klar. Wie unser guter Gott sich geplagt hat und immer neu plagt.

Doch die Mühe lohnt sich.

Wind in meinen Segeln

Du bist der Wind in meinen Segeln,
du bist das Meer, auf dem ich treib,
du schreibst zu meinem Spiel die Regeln
und siehst noch selbst nach, wo ich bleib.

Du bist die Sonne, bist der Regen,
der Sturm, der wild mein Haar zerzaust,
du stemmst dich meinem Boot entgegen,
wenn's blind in einen Abgrund saust.

Ich bin ein Bild, du bist die Farbe,
du bist die Leinwand meiner Welt.
Kein Klecks, kein Tupfer, den ich trage,
hat sich von selber eingestellt.

Ich bin ein Buch, du füllst die Seiten,
und ich bewundre deinen Stil.
Während die Jahre mir entgleiten,
kommt die Geschichte an ihr Ziel

Du bist das Seil, auf dem ich tanze,
du bist die Stimme, ich das Wort.
Ich bin ein Teil, du bist das Ganze,
ich bin ein Ton, du der Akkord.

Du bist der Klang, ich bin das Echo,
verschwommen, leise, überdeckt.
Mir soll genügen, wenn man dich so
als meine Klangquelle entdeckt.

Anhang

Das Einmaleins der Kommunikation

Sag nur, was du selber verstehst. Denn was du selber nicht verstehst, wird dein Gegenüber mit Sicherheit auch nicht verstehen.

Frag, wenn du etwas nicht verstehst. Nicht nur du wirst klüger. Die anderen auch.

Wer den Glauben kommunizieren möchte, muss auf Jargon verzichten.

Jargon ist eine Tür, die man nur von innen aufschließen kann.

Manchmal glaube ich nur, mein Gegenüber verstanden zu haben. Darum lieber wiederholen, was ich verstanden zu haben glaube.

Wer möchte, dass eine Beziehungen gelingt, muss sich in die Schuhe seines Gegenübers stellen. Muss vielleicht sogar, um es in der Sprache der Indianer zu sagen, „ein paar Monate in den Mokassins des anderen laufen".

Wo der Geist Gottes wohnt, entsteht eine neue Heimat. Zieht die Liebe ein. Und Verständnis.

Nur wenn ich mich vorbehaltlos auf mein Gegenüber einlasse, kann ich überraschende Entdeckungen machen, werde ich beschenkt.

Wer immer „auf Sendung" ist, hat irgendwann keine Zuhörer mehr.

Wer ständig auf Empfang ist, ist in aller Regel ein lausiger Empfänger.

An der Sprache arbeiten reicht nicht. Man muss an der Beziehung arbeiten, wenn man erfolgreich kommunizieren will.

Dein Gesicht muss dasselbe sagen wie dein Mund. Sonst glaubt dir kein Mensch, was du sagst.

Nicht jeder hat deinen Humor. Und dein Humor ist nicht das Maß aller Dinge. Zuweilen musst du's sagen, wenn einer deiner Sätze nur ein Scherz sein soll.

Die Regel für Empfänger: Muss ich das wirklich wissen? Die Regel für Sender: Muss das der andere wissen?

Wer nur bei sich bleibt, lebt ein eintöniges Leben. Im wahrsten Wortsinn.

Wer andere verstehen will muss es wagen, sich selbst verstehen zu lernen.

Wer die Barmherzigkeit Gottes genossen hat, ist auch mit anderen barmherzig.

Kommunizieren lernt, wer bei Gott in die Schule geht. Er ist der Erfinder und der Meister der Kommunikation.

Erst hinschauen. Dann lieb gewinnen. Und erst dann sprechen.

Ich will meine Ohren öffnen und meine Zunge lösen lassen. Von Jesus. Damit ich seine Liebe kommuniziere.

Wer die beste Nachricht der Welt unter die Leute bringen will, muss sich liebevoll in die Gedankenwelt seines Gegenübers begeben.